A EXCEÇÃO DE PRÉ-EXECUTIVIDADE NOS
PROCESSOS CIVIL E DO TRABALHO

S936e Stürmer, Gilberto
A exceção de pré-executividade nos Processos Civil
e do Trabalho / Gilberto Stürmer. — Porto Alegre: Livraria do Advogado, 2001.
136 p.; 14 x 21 cm.
ISBN 85-7348-194-3

1. Exceção: Processo Civil. 2. Execução: Processo
Civil. 3. Processo trabalhista. I. Título.

CDU 347.952

Índices para o catálogo sistemático

Exceção: Processo Civil
Execução: Processo Civil
Processo trabalhista

(Bibliotecária Responsável: Marta Roberto, CRB-10/652)

Gilberto Stürmer

A exceção de pré-executividade nos
PROCESSOS CIVIL E DO TRABALHO

livraria//
DO ADVOGADO
//editora

Porto Alegre 2001

© Gilberto Stürmer, 2001

Capa, projeto gráfico e diagramação
Livraria do Advogado Editora

Revisão
Rosane Marques Borba

Direitos desta edição reservados por
Livraria do Advogado Ltda.
Rua Riachuelo, 1338
90010-273 Porto Alegre RS
Fone/fax: 0800-51-7522
info@doadvogado.com.br
www.doadvogado.com.br

Impresso no Brasil / Printed in Brazil

A chegada a este momento pode e deve ser dedicada a muitas pessoas; mas, especialmente e sempre, à minha mulher, Amélia, que representa tudo o que de melhor a vida tem me proporcionado.

Prefácio

Os cursos de mestrado e de doutorado têm determinado o surgimento de excelentes monografias, algumas das quais transpõem os estreitos limites das academias e chegam ao público, graças a seus méritos e - seria injusto não mencionar - graças também ao descortino de algumas editoras, como a Livraria do Advogado.

Uma dessas obras é a que ora tenho a honra de apresentar: "A exceção de pré-executividade nos processos civil e do trabalho", devida ao talento de Gilberto Stürmer.

Acompanhei, passo a passo, sua gestação, sendo, pois, testemunha da seriedade dos estudos e das reflexões do autor: nada foi lançado ao acaso da última leitura; tudo foi objeto de meditação, na procura de soluções que fossem ao mesmo tempo legais, justas e convenientes, no contexto de uma visão sistemática de nosso ordenamento jurídico.

Sem expressa previsão legal, a chamada "exceção de pré-executividade" obteve consagração jurisprudencial, apresentando-se, pois, como resultado da experiência forense. Esta é uma das razões pelas quais o instituto vem merecendo tanta atenção: ignorado pela lei, mas sentido como necessidade, é fruto da conjunção da jurisprudência com a doutrina, que vão fixando seus limites, não sem avanços temerários e recuos oportunos, na difícil busca do razoável.

Nesta obra, o autor examina o tema não apenas no âmbito do processo civil, mas também - e aqui a nota de ineditismo - também no processo do trabalho, donde sua utilidade tanto para os que navegam nas águas da Justiça comum, quanto para os que percorrem as vias da Justiça especializada do Trabalho.

O contraditório no processo de execução, os embargos do devedor, a natureza jurídica da exceção de pré-executividade, princípios dos processos civil e do trabalho, a aplicação subsidiária do processo comum e da lei das execuções fiscais no processo do trabalho, a Lei 9.958, de 12 de janeiro de 2000, e - claro! - as conclusões do autor, são os capítulos que destaco, para exame da comunidade jurídica.

Teoria e prática mesclam-se neste estudo, em simbiose incindível, como deve ser, pois, afinal de contas, o Direito não existe senão por uma razão prática, qual seja, a necessidade de ordenação das relações interpessoais.

Prof. Dr. José Maria Rosa Tesheiner

Professor de Pós-Graduação em Direito da
Faculdade de Direito da PUCRS
Desembargador aposentado do TJRS

Sumário

Apresentação - *Sergio Pinto Martins* 11
Introdução 13
1. A sistematização utilizada 17
   1.1. Objeto 17
   1.2. Metodologia e questão das lacunas 21
2. Processo de conhecimento e processo de execução 33
3. O contraditório no processo de execução 39
4. Requisitos necessários a toda execução 45
   4.1. Pressupostos processuais 46
     4.1.1. Existência 48
     4.1.2. Validade 49
   4.2. Condições da Ação Executiva 51
5. Embargos à execução nos Processos Civil e do Trabalho . . 53
6. Exceção de pré-executividade 61
   6.1. Considerações Preliminares 61
   6.2. Breve histórico doutrinário 62
   6.3. Denominação e Conceito 67
   6.4. Natureza Jurídica 70
   6.5. Oportunidade 73
   6.6. Legitimidade 74
   6.7. Forma 76
   6.8. Matérias argüíveis e efeitos 78
   6.9. Procedimento e ato praticado pelo Juiz 81
   6.10. Custas e Honorários Advocatícios 83
   6.11. Recurso 84
   6.12. Diferenças e semelhanças entre os embargos e a
     exceção de pré-executividade 88

7. A exceção de pré-executividade no Processo do Trabalho . . 91

7.1. Princípios de Direito do Trabalho e de Direito Processual do Trabalho 93

7.2. Os artigos 769 e 889 da CLT – aplicação subsidiária do processo comum e da Lei de Execuções Fiscais no Processo do Trabalho 105

7.3. Títulos executivos judiciais e extrajudiciais no Processo do Trabalho 108

7.4. Lei nº 9.958, de 12 de janeiro de 2000 110

7.5. A exceção de pré-executividade no Processo do Trabalho 112

8. Conclusão 123

Referências bibliográficas 131

Apresentação

Foi com muita satisfação e orgulho que aceitei escrever estas linhas introdutórias para o livro do Dr. Gilberto Stürmer. Participei da banca de mestrado em que o Dr. Gilberto obteve o grau de mestre com o presente trabalho, defendendo sua tese com muito entusiasmo. O trabalho já se mostrava bom naquele momento. Com as correções no texto e a ampliação, ficou excelente. Achei interessante o paralelo que foi feito entre o processo civil, como introdução, para o leitor poder entender o desenvolvimento do tema, e o processo do trabalho. O livro tem a utilidade de servir aos dois ramos do Direito Processual.

Mostrou, também, a pesquisa da jurisprudência sobre o tema, principalmente no STJ, o que já é uma orientação muito valiosa para o leitor.

Penso que o trabalho supre uma lacuna no processo do trabalho, pois não havia um estudo de pesquisa científica sobre o tema.

Parabenizo o autor pela iniciativa.

Acima de tudo, muito mais do que o livro, que é importantíssimo para o autor, para mostrar seu pensamento e divulgá-lo, o professor Gilberto é advogado especializado e professor da PUC-RS e da UNISINOS, dedicado e cuidadoso no preparo de suas aulas e no contato com seus alunos, que só o valorizam. Ganham os estudiosos com o trabalho e também me sinto feliz por partilhar da sua amizade.

Sergio Pinto Martins

Juiz titular da 33ª Vara do Trabalho de São Paulo
e professor titular de Direito do Trabalho da USP

Introdução

A exceção de pré-executividade tem sido examinada, discutida e debatida ao longo dos últimos trinta e quatro anos. Foi em 1966 que o eminente jurista Francisco Cavalcanti Pontes de Miranda emitiu um parecer sobre a necessidade ou não de exigir-se a constrição de bens quando se está a argüir a inexistência ou a nulidade de título executivo. A polêmica e o debate foram gerados porque, àquele tempo (vigência do Código de Processo Civil de 1939), como hoje (Código de Processo Civil de 1973), a legislação apontava apenas um caminho para o executado: a garantia do juízo pela penhora ou pelo pagamento e, somente a partir daí, a possibilidade de defesa (no caso um ataque), pelo caminho dos embargos à execução. Desde então, a doutrina e a jurisprudência vêm se dedicando a esta apaixonante discussão. Estamos no século XXI e, ainda hoje, a legislação adjetiva não aponta outro caminho ao executado, que não a penhora com a conseqüente oposição de embargos à execução. Como não poderia deixar de ser, porque assim é o Direito, as posições são as mais diversas. No processo do trabalho, a discussão tem sido menos acalorada. Também nesta área do Direito, existem posições divergentes. Contudo, quase nada tem-se escrito sobre o tema. São poucos os autores que examinam o instituto. Quase nenhum deles se aprofunda.

Esta obra, oriunda de uma dissertação de Mestrado da Faculdade de Direito da Pontifícia Universidade

Católica do Rio Grande do Sul, por óbvio apresenta um conteúdo que identifica a influência na formação do autor. As hipóteses aqui levantadas tiveram por base a hermenêutica moderna ao sustentarem construções jurídicas com base na interpretação sistemática. Não há inovação no que diz respeito ao exame sistemático jurídico do instituto da exceção de pré-excutividade. Nem foi esta a intenção. A base teórica utilizada sobreveio dos estudos de autores clássicos em Direito Processual Civil, mas também de autores novos e recentes que, em monografias brilhantes, discorreram sobre o tema no processo civil.

O primeiro capítulo aponta a sistematização utilizada no trabalho, tanto na delimitação do objeto, quanto na metodologia utilizada. A abordagem do instituto hermenêutico denominado "lacuna" tem dois objetivos: o primeiro é o exame do instituto da exceção de pré-executividade no processo civil. Afinal, como dito, o tema é oriundo de construções doutrinárias e não está previsto na lei. O segundo objetivo é o de, à luz das possibilidades apontadas pela Consolidação das Leis do Trabalho, verificar que, sendo o instituto aplicável no processo civil, também o é no processo do trabalho.

O segundo capítulo delimita o tema. Examina-se, sem aprofundamento, o processo de conhecimento, apenas para diferenciá-lo do processo de execução nos seus pontos básicos.

Delimitada a área de investigação, o capítulo terceiro procura verificar quais são as possibilidades de existência do contraditório no processo de execução. Neste particular, a menção à regra constitucional insculpida no artigo 5º, inciso LV,[1] traz subsídio fundamental à investigação.

---

[1] Eis o texto:
"Art. 5º. Todos são iguais perante a lei, sem distinção de qualquer natureza, garantindo-se aos brasileiros e aos estrangeiros residentes no País a inviolabilidade do direito à vida, à liberdade, à igualdade, à segurança e à propriedade, nos termos seguintes: ...

No que diz respeito aos requisitos necessários à toda execução, tal como exposto no Código de Processo Civil, nos artigos 580 e seguintes, examina-se no quarto capítulo, à luz da técnica adotada pelo legislador, os pressupostos processuais de existência e validade e as condições da ação executiva. Na medida em que a única forma de defesa (ataque) à execução prevista no direito pátrio (tanto no Código de Processo Civil quanto na Consolidação das Leis do Trabalho) são os embargos à execução, o quinto capítulo é dedicado exclusivamente ao instituto. São estudadas as diferentes sistemáticas processuais dos embargos do devedor, existentes no processo civil e no processo do trabalho.

Somente a partir daí, o capítulo sexto, dedicado à exceção de pré-executividade, começa a ser escrito. Para um estudo mais claro e didático, o capítulo está dividido em doze subcapítulos. O primeiro trata das considerações preliminares, abordando os questionamentos que se apresentaram. Em seguida, o histórico doutrinário aponta a origem do instituto, a discussão e a aceitação (ou não) do mesmo ao longo do tempo, além de destacar respeitáveis posições divergentes à sua aplicabilidade. A denominação, o conceito e a natureza jurídica são apresentados a partir da base teórica coletada e arrolada ao final. Posteriormente, examina-se a oportunidade, a legitimidade, a forma, as matérias argüíveis e os efeitos advindos da oposição. Também é abordado o procedimento e o ato praticado pelo juiz. Na parte em que o processo do trabalho difere do processo comum, procura-se dar destaque aos aspectos de custas, honorários advocatícios e, principalmente, do recurso cabível contra o ato que acolhe ou desacolhe a exceção de pré-exe-

---

LV – aos litigantes, em processo judicial ou administrativo, e aos acusados em geral são assegurados o contraditório e ampla defesa, com os meios e recursos a ela inerentes."

cutividade. Finalmente, são arroladas as diferenças e semelhanças entre os embargos à execução e a exceção de pré-executividade. O último capítulo é dedicado ao estudo da exceção de pré-executividade no processo do trabalho. Por óbvio, para evitar tautologia, apenas os aspectos que diferem do processo comum são destacados. Na medida em que o Direito do Trabalho e, por conseqüência, o Direito Processual do Trabalho contêm ideologias diferenciadas, são estudados e apontados, na primeira parte do sétimo capítulo, os princípios norteadores destas áreas (material e processual) tutelares do direito. O estudo tem o objetivo de demonstrar que, mesmo havendo princípios tutelares específicos, a exceção de pré-executividade não é incompatível com o Direito Processual do Trabalho. Por isso mesmo, o segundo item do capítulo aborda as chamadas "portas de entrada" do processo laboral para o processo comum. A expressão, utilizada neste trabalho, encontra guarida nas regras insculpidas nos artigos 769 e 889 da Consolidação das Leis do Trabalho, que admitem a aplicação subsidiária do processo comum, quando não houver norma no processo laboral e desde que não haja incompatibilidade com o mesmo. A terceira parte do capítulo destaca os títulos executivos judiciais e extrajudiciais previstos no artigo 876 da CLT. Opta-se por enquadrar a Lei nº 9.958, de 12 de janeiro de 2000, em item próprio, para dar destaque àquela que, apenas recentemente, adicionou à Consolidação das Leis do Trabalho, título executivo extrajudicial.

Por fim e propositalmente, o último item do último capítulo examina, com base na já citada interpretação sistêmica, a quase inexistente doutrina juslaboralista, que trata do instituto da exceção de pré-executividade, apontando-se as possibilidades práticas de aplicação do instituto no processo trabalhista.

1. A sistematização utilizada

1.1. Objeto

O tema perante o qual nos debruçaremos nas próximas páginas é o da Exceção de Pré-Executividade no Processo Civil e no Processo do Trabalho.

"O processo de execução,[2] como prestação jurisdicional típica e autônoma, diversa dos demais processos existentes no ordenamento, apresenta certas situações incoerentes. Com efeito, a relação processual executiva, mesmo irregular, viciada, sem a presença de pressupostos de existência e validade, muitas vezes obriga o executado a submeter seu patrimônio à constrição abusiva da penhora, para, então, em sede de embargos, apontar as irregularidades, algumas visíveis mas não constatadas pelo Juiz."

A proposta ora colocada e a ser desenvolvida nos próximos capítulos tem a finalidade de demonstrar que o instituto denominado "exceção de pré-executividade", mesmo ausente da norma,[3] encontra guarida no sistema

---

[2] Ver Luiz Edmundo Appel Bojunga. *A Exceção de Pré-Executividade*, AJURIS, p. 155/166.

[3] Considerando o presente estudo, desde logo, deve-se definir o que vêm a ser normas, regras e princípios, no ensinamento de Canotilho: "A teoria da metodologia jurídica tradicional distinguia entre *normas e princípios*. Abandonar-se-á aqui essa distinção para, em sua substituição, se sugerir: (1) as

regras e princípios são duas espécies de normas; (2) a distinção entre *regras e princípios* é uma distinção entre duas espécies de normas...Saber como distinguir, no âmbito do superconceito norma, entre *regras e princípios*, é uma tarefa particularmente complexa. Vários são os critérios sugeridos.

a) Grau de abstracção: os *princípios* são normas com um grau de abstracção relativamente elevado; de modo diverso, as *regras* possuem uma abstracção relativamente reduzida;

b) Grau de determinabilidade na aplicação do caso concreto: os princípios, por serem vagos e indeterminados, carecem de mediações concretizadoras (do legislador? do juiz?), enquanto as regras são susceptíveis de aplicação directa.

c) Carácter de fundamentabilidade no sistema das fontes de direito: os *princípios* são normas de natureza ou com um papel fundamental no ordenamento jurídico devido à sua posição hierárquica no sistema de fontes (ex: princípios constitucionais) ou à sua importância estruturante dentro do sistema jurídico (ex: princípio do Estado de Direito).

d) Proximidade da ideia de direito: os *princípios* são *standard*s juridicamente vinculantes radicados nas exigências de 'Justica' (Dworkin) ou na 'ideia de direito' (Larenz); as *regras* podem ser normas vinculativas com um conteúdo meramente funcional.

e) Natureza normogenética: os *princípios* são fundamentos de regras, isto é, são normas que estão na base ou constituem a *ratio* de regras jurídicas, desempenhando, por isso, uma função normogenética fundantemente." (J. J. Gomes Canotilho, em *Direito Constitucional e Teoria da Constituição*, Almedina, 1993, p. 1034/1035).

Cabe também aqui, examinar a distinção entre regras e princípios adotada por Alexy: "Sobre la base de este tipo de criterios son posibles tres tesis totalmente diferentes sobre la distinción entre reglas y principios. La primera reza: todo intento de dividir las normas en dos clases, la de las reglas y la de los principios, es vano devido a la pluralidad realmente existente. La segunda tesis es sostenida por quien considera que las normas pueden dividirse de una manera relevante en la clase de las reglas y la de los principios pero, señala que esta distinción es solo *de grado*. La tercera tesis dice que las normas pueden dividirse en reglas y principios y que entre reglas y principios existe no sólo una diferencia gradual sino *cualitativa*. Esta tesis es correcta. Existe un criterio que permite distinguir con toda precisión entre reglas y principios. Este criterio no se encuentra en la lista presentada pero, explica la mayoría de los criterios en ella contenidos como típicos de los principios, aun cuando no sean los decisivos. Cabe presentarlo ahora...El punto decisivo para la distinción entre reglas y principios es que los *principios* son normas que ordenan que algo sea realizado en la mayor medida posible, dentro de las posibilidades juridicas y reales existentes. Por lo tanto, los principios son *mandatos de optimización*, que están caracterizados por el hecho de que pueden ser cumplidos en diferente grado y que la medida debida de su cumplimiento no sólo depende de las posibilidades reales sino también de las jurídicas. El ámbito de las posibilidades jurídicas es determinado por los principios y reglas opuestos. En cambio, las *reglas* son normas que sólo pueden ser cumplidas o no. Si una regla es válida, entonces dese hacerse exactamente lo que ella exige, ni más ni menos. Por lo

18

Gilberto Stürmer

como alternativa de defesa do "devedor", nos casos em que os pressupostos para a execução não estão presentes. A premissa a ser seguida é o acolhimento do instituto no processo comum. Nesse passo, a porta que se quer abrir é a possível aplicação do referido instituto no processo do trabalho.

Assim, cumpre verificar que tipos de títulos executivos extrajudiciais existem no processo do trabalho.[4] O Código de Processo Civil e a Consolidação das Leis do Trabalho não enfrentam diretamente o tema, mas partimos do princípio de que o instituto da exceção de pré-executividade tem livre acesso no mundo jurídico atual e, sistematicamente nos socorreremos do direito adjetivo comum para amparar o processo laboral. Não nos olvidemos que o presente capítulo é meramente introdutório e apresenta tão-somente o esboço daquilo que será investigado e desenvolvido nos próximos capítulos.

Para melhor ilustração introdutória, cumpre esclarecer parte da posição doutrinária juslaboralista.

No dizer de Mozart Victor Russomano:[5]

"... as normas relativas ao processo do trabalho são muitas vezes insuficientes, incompletas, defeituosas. E isso nos força a apelos constantes ao Direito Processual Civil – o que traz dificuldades ao juiz e à parte, porque é preciso expurgar o direito adjetivo comum daquilo que for inadaptável ao direito adjetivo especial."

Nesse sentido, buscar-se-á investigar a possibilidade de o instituto da exceção de pré-executividade inse-

---

tanto, las reglas contienen *determinaciones* en el ámbito de lo fáctica y jurídicamente posible. Esto significa que la diferencia entre reglas y principios es cualitativa y no de grado. Toda norma es o bien una regla o un principio." (Robert Alexy. *Teoria de los derechos fundamentales*, p. 86/87).

[4] ver capítulo 8.3 do presente trabalho.

[5] Ver *Comentários à Consolidação das Leis do Trabalho*. 17ª ed., Forense, Vol. II, p. 314.

rir-se no processo do trabalho. Mais: verificar-se-á se é viável a sua aplicação, inclusive em cobrança indevida de títulos executivos *judiciais*, como, por exemplo, acordos homologados em juízo, adimplidos e, por equívoco, novamente cobrados.

Ainda com relação ao posicionamento dos autores da área processual trabalhista, no que diz respeito à efetiva aplicação da exceção de pré-executividade no processo do trabalho:[6]

"De algum tempo, entretanto, vem adquirindo certo prestígio, nos sítios da doutrina do processo civil, a tese da *exceção de pré-executividade*, que consiste, em sua essência, na possibilidade de o devedor alegar determinadas matérias, sem que, para isso, necessite efetuar a garantia patrimonial da execução." ... "É importante assinalar, portanto, que a *exceção de pré-executividade* foi concebida pela doutrina para atender a situações verdadeiramente *excepcionais*, e não para deitar por terra, na generalidade dos casos, a provecta imposição legal da garantia patrimonial da execução, como pressuposto para o oferecimento de embargos, pelo devedor." ... "Entretanto, não podemos ignorar a existência, *também no processo do trabalho, de situações* especiais, *em que essa imposição de garantimento patrimonial da execução poderá converter-se em causa de gritante injustiça, como quando o devedor pretender argüir, digamos, nulidade, por não haver sido, comprovadamente, citado para a execução." (grifo nosso)* ... "Sendo assim, nada obsta a que o processo do trabalho, *sem renunciar a seus princípios ideológicos e à sua finalidade*, admita, em situações verdadeiramente extraordinárias, *independentemente de embargos* – e, em conseqüência, *de garantia patrimonial do juízo* – alegações de: nuli-

---

[6] Ver Manoel Antônio Teixeira Filho. *Execução no Processo do Trabalho*. 6ª ed., LTr, p. 567 e segs.

dade da execução; pagamento; transação; prescrição (intercorrente); novação – enfim, envolventes de outras matérias dessa natureza, capazes, muitas delas, de extinguir a execução, se acolhidas." *(grifo nosso)* ... "Estamos a afirmar, portanto, que a *exceção de pré-executividade* só deverá ser aceita quando calcada em prova documental previamente constituída, à semelhança do que se passa em tema de mandado de segurança, e desde que não se exija, para a apreciação da matéria, investigações aprofundadas."

Assim, com fulcro na interpretação sistemática como regra hermenêutica aplicável, com a assinalação introdutória da aplicabilidade do instituto, primeiro, no processo comum e, a partir daí, no processo do trabalho, é que nos debruçaremos na investigação do tema ora proposto, nas páginas e nos capítulos que seguem.

1.2. Metodologia e questão das lacunas

A metodologia a ser utilizada no presente trabalho é a da interpretação sistemática.

Com efeito, entendemos que a interpretação sistemática é hoje o método de exegese mais preciso, já que, por esta metodologia, interpretar uma regra é, necessariamente, interpretar o sistema em sua totalidade.

É nesse sentido que se aplica a interpretação sistemática, já que o Código de Processo Civil vigente não aponta outra alternativa ao "executado" que não os embargos.

A solução, por sua vez, respeita à hierarquização axiológica. No dizer de Maury R. de Macedo:[7]

"(...) a lei é feita e deve ser aplicada para atender aos fins sociais colimados pelo legislador e, às exi-

---

[7] *A lei e o arbítrio à luz da hermenêutica.* Forense, 1981, p. 16.

gências do bem comum, tal como preceitua o art. 5º da Lei de Introdução ao Código Civil, para a sua aplicação. Afastado o erro, a imprecisão ou inadequação da linguagem empregada e, eventualmente a falta de boa fé, o texto reflete a *mens legis* e deve ser atacado."

O caminho a ser seguido é o da investigação, já que a pesquisa científica pressupõe investigação.

É importante, todavia, buscar uma breve noção de lacuna jurídica[8] para, em sendo esta constatada, partir-se para a busca da solução. O sistema indubitavelmente há de apresentar soluções, seja no aspecto processo comum, seja na específica análise do Direito e do processo laboral.

Para Norberto Bobbio,[9] o ordenamento jurídico deve ter unidade, coerência e completude. O interesse aqui recai sobre a "completude" que, no dizer do jusfilósofo italiano, seria a "propriedade pela qual um ordenamento jurídico tem uma norma para regular qualquer caso." A falta de uma norma, ou seja, a inexistência da "completude" é denominada *lacuna*.

Em qualquer hipótese, há que se considerar a circunstância de que nem todos os casos podem ser previs-

---

[8] Ver Chaïm Perelman. *Ética e Direito*. Tradução de Maria Ermantina Galvão G. Pereira. Martins Fontes, 1996: "À lacuna em direito corresponde, num sistema formal, a noção de *incompletude*. Dir-se-á que um sistema formal é incompleto quando, a partir dos axiomas e das regras de inferência ao sistema, for impossível demonstrar uma proposição que se possa formular nesse sistema e cujas verdade e falsidade não podem ser provadas. Uma proposição assim, considerada independente do sistema, pode ser acrescentada aos outros axiomas do sistema sem deixar este incoerente ou contraditório, mas pode-se também, pela mesma razão, completar o sistema acrescentando-lhe como novo axioma, não a proposição em questão, e sim sua negação. Com efeito, pelo próprio fato de a proposição independente de um sistema formal, este não contém nenhuma indicação que permita considerá-la verdadeira ou falsa, preferir antes uma do que outra das duas possibilidades."

[9] Norberto Bobbio. *Teoria do Ordenamento Jurídico*. 7ª ed., UnB, 1996, p. 115/116.

tos pelo legislador, mas os juízes são obrigados por lei a decidirem todos os casos que se lhes apresentem. Isso é integração da ordem jurídica, e a própria legislação trata desta integração.[10] Destarte, a discussão inicial acerca da existência ou não de incompletude (existência de lacuna) do instituto da exceção de pré-executividade no sistema jurídico também é tema a ser analisado.

Há aqui uma lacuna jurídica ou não?

Passa-se a analisar.

Faz-se importante na sempre incessante busca da segurança jurídica, que se encontrem soluções no próprio sistema. Assim, a visão do intérprete é fundamental e certamente dará maior segurança ao sistema se for padronizada. Por óbvio não se quer aqui suprimir a prerrogativa funcional e a liberdade do Juiz, mas, se forem observadas regras para a hermenêutica jurídica,[11]

---

[10] Ver: art. 126 do Código de Processo Civil: "O juiz não se exime de sentenciar ou despachar alegando lacuna ou obscuridade da lei. No julgamento da lide caber-lhe-á aplicar as normas legais; não as havendo, recorrerá à analogia, aos costumes e aos princípios gerais do direito."
art. 4º da Lei de Introdução ao Código Civil: "Quando a lei for omissa, o juiz decidirá de acordo com a analogia, os costumes e os princípios gerais de direito."
art. 8º da Consolidação das Leis do Trabalho: "As autoridades administrativas e a Justiça do Trabalho, na falta de disposições legais ou contratuais, decidirão, conforme o caso, pela jurisprudência, por analogia, por eqüidade e outros princípios e normas gerais de direito, principalmente do direito do trabalho, e, ainda, de acordo com os usos e costumes, o direito comparado, mas sempre de maneira que nenhum interesse de classe ou particular prevaleça sobre o interesse público.
Parágrafo único. O direito comum será fonte subsidiária do direito do trabalho, naquilo em que não for incompatível com os princípios fundamentais deste."
Art. 769 da Consolidação das Leis do Trabalho: "Nos casos omissos, o direito processual comum será fonte subsidiária do direito processual do trabalho, exceto naquilo em que for incompatível com as normas deste Título."

[11] Nesse sentido, ver Juarez Freitas. *A interpretação sistemática do Direito.* Malheiros, 1995, p. 142/144:
"Eis, em suma, as regras que convém fixar para o exercício de uma adequada hermenêutica jurídica em todos os ramos do sistema objetivo:
1ª) deve o intérprete jurídico, conquanto em atividade funcionalmente dis-

tinta da do legislador, exercer conscientemente o papel maiêutico de revelar a elasticidade do Direito objetivo, certo de que, na prática, a subjetividade é momento constitutivo da objetividade e vice-versa: *interpretar é sistematizar;* 2ª) deve o intérprete jurídico saber priorizar princípios, normas e valores, pautando sua visão rumo aos elementos mais altos e nobres do sistema: *interpretar é hierarquizar;* 3ª) deve o intérprete jurídico sobrepassar as antinomias – no sentido ampliado aqui proposto, eis que é tarefa vital sua, na relação viva com o texto, resguardar o binômio segurança-justiça, o qual não pode ser convertido em oposição, sob risco de perda da sistematicidade legítima, isto é, daquela que guarda uma adesão social voluntária: *interpretar é unificar;* 4ª) deve o intérprete jurídico, procurando a máxima isenção quanto às partes contrapostas, empenhar-se para que o labor exegético se faça harmônico com os princípios fundamentais do sistema, entre os quais o da legalidade: *interpretar é fundamentar;* 5ª) deve o intérprete jurídico reconhecer as premissas preexistentes na construção dos silogismos de sua exegese, purificando-as sob o prisma da racionalidade intersubjetiva, no intuito de alcançar uma escolha axiológica fundamentada, não-arbitrária e livre na garantia da coexistência das demais liberdades: *interpretar é manejar o metacritério da hierarquização axiológica;* 6ª) deve o intérprete jurídico perceber o caráter problemático do evento hermenêutico, nas especificidades do caso concreto, porém dialeticamente precisa construir o sistema a partir de uma visão dedutiva de suporte indutivo, de modo que o caminho rumo aos princípios e o caminho para as normas seja o mesmo, cuidando para que a extensão da interpretação não se torne maior do que a extensão do sistema: *interpretar é sintetizar;* 7ª) deve o intérprete jurídico ter bem presente a relação mutuamente vitalizante de seu espírito e do conjunto de enunciados, jamais concluindo apenas a partir do exame de normas singulares ou de meras justaposições normativas, dado que a interpretação sistemática não é somente um elemento de hermenêutica, nem um simples somatório, mas a junção concreta dos elementos: *interpretar é relacionar;* 8ª) deve o intérprete jurídico realizar a observação da totalidade dos fatos coletados e efetuar um diagnóstico seguro, para, a seguir, no bojo do sistema, encontrar o melhor e mais conciliatório tratamento para as controvérsias, no sentido de, ao mesmo tempo, superá-las e conservar a sistematicidade do Direito: *interpretar é bem diagnosticar;* 9ª) deve o intérprete jurídico, à base do sistema objetivo, lutar para a superação das antinomias de avaliação ou injustiças, sem se sobrepor autoritariamente ao Direito, pressuposta sua razoabilidade mínima no Estado Democrático: *bem interpretar é concretizar a máxima justiça possível;* 10ª) deve o intérprete jurídico salvaguardar a essência da idéia de Direito como sistema, bem como acolher a possibilidade de sua evolução contínua, certo de que, quanto mais complexo este for, tanto mais carecerá de estabilidade para cumprir suas eminentes funções axiológicas; conferir tal estabilidade ao sistema, longe de mantê-lo inerte, consiste em modificá-lo, emprestando-lhe uma exegese renovadora e legitimadora: *interpretar é aperfeiçoar."*

a referida padronização tornar-se-á natural. O que se indaga é se há, ou não, a respeito, uma situação de lacuna jurídica. A incompletude é inerente aos sistemas jurídicos. O contraditório no processo de execução (Código de Processo Civil) é bastante limitado ao estabelecer os embargos de devedor como única forma de resistência do executado. Ocorre que, no dizer de Galeno Lacerda,[12] "quando se pede ao Juiz que execute a dívida, tem o Juiz de examinar se o título é executivo, seja judicial, seja extrajudicial." Quando se tratar da negação da executividade do título, não há falar em penhora nem embargos.

"As letras de câmbio, as notas promissórias, os cheques e outros títulos cambiariformes são líquidos; porém a certeza há de resultar do que está escrito, de veracidade das assinaturas e da observância das exigências legais. Se o sacador ou o aceitante da letra de câmbio, dentro das vinte e quatro horas, diz que a sua assinatura é falsa, ou que o nome é igual, ou parecido, porém não foi ele que se vinculou ao título cambiário ou cambiariforme, o Juiz tem de decidir quanto a isso, porque está em exame a pretensão à execução, e não o mérito da causa." (Pontes de Miranda, *Dez Anos de Pareceres*, Ed. Francisco Alves, 1975, 4º/126-128).

É preciso, portanto, resolver a "lacuna". De que forma o executado e pretenso devedor poderá se defender?

Karl Larenz[13] discorre sobre o problema das lacu-

---

[12] Ver *Execução de Título Extrajudicial e Segurança do Juízo*, AJURIS, 27,7/15.

[13] Ver *Metodologia da Ciência do Direito*. Tradução de José Lamego. 5ª ed., Fundação Calouste Gulbenkian, 1983, faz algumas considerações sobre lacunas da lei, que cabem repetir: "A faculdade de desenvolver o Direito cabe indiscutivelmente aos tribunais, sempre que a lei – mais precisamente: o conjunto das normas jurídicas conformadas em leis e no Direito consuetudinário, assim como na jurisprudência constante, que sejam apropriadas para a

aplicação imediata – contenha 'lacunas'. Por isso, o conceito de 'lacuna da lei' não assinala, por certo, o limite do possível e admissível desenvolvimento do Direito em absoluto, mas antes o limite de um desenvolvimento do Direito imanente à lei, que se mantém vinculado à intenção reguladora, ao plano e à teleologia imanente à lei. Um desenvolvimento do Direito 'superador' da lei (infra 4) é, em contrapartida, lícito aos tribunais apenas sob determinados pressupostos(9). Mas, quando existe uma 'lacuna da lei', tal carece de uma explicação mais concreta. Poderia pensar-se que existe uma lacuna só quando e sempre que a lei – entendida esta, doravante, como uma expressão abreviada da totalidade das regras jurídicas suscetíveis de aplicação dadas nas leis ou no Direito consuetudinário – não contenha regra alguma para uma determinada configuração no caso, quando, portanto, 'se mantém em silêncio'".

...

"O termo 'lacuna' faz referência a um caráter incompleto. Só se pode falar de 'lacunas' de uma lei quando esta aspira a uma regulação completa em certa medida, para um determinado setor. O acentuar do conceito de lacuna está, pois, também em estreita conexão com as aspirações a uma codificação global completa do Direito, que se suscitaram no século XVIII e tiveram o seu ponto alto no século XIX. Mas mesmo quando se parte da idéia de uma ordem jurídica totalmente codificada, esta só contém 'lacunas' enquanto a questão de que se trata é em absoluto suscetível e está necessitada de regulação jurídica."

...

"Na maioria dos casos em que falamos de uma lacuna da lei não está incompleta uma norma jurídica particular, mas uma determinada regulação em conjunto, quer dizer: esta não contém nenhuma regra para uma certa questão que, segundo a intenção reguladora subjacente, precisa de uma regulação. A estas lacunas – trata-se quase sempre das denominadas por Zitelmann de lacunas 'inautênticas' - qualificamo-las de 'lacunas da regulação'. Não se trata de que aqui a lei, se se quiser aplicar sem uma complementação, não possibilite uma resposta em absoluto; a resposta teria de ser que justamente a questão não está regulada e que, por isso, a situação de fato correspondente fica sem conseqüência jurídica. Mas uma tal resposta, dada pelo Juiz, haveria de significar uma denegação de justiça, se se tratar de uma questão que caia no âmbito da regulação jurídica intentada pela lei e não seja de atribuir, por exemplo, ao espaço livre do Direito."

...

"Tanto as lacunas normativas como as lacunas de regulação são lacunas dentro da conexão regulativa da própria lei. Se existe ou não uma tal lacuna, há-de aferir-se do ponto de vista da própria lei, da intenção reguladora que lhe serve de base, dos fins com ela prosseguidos e do 'plano' legislativo. Uma lacuna da lei é uma 'imperfeição contrária do plano' da lei (17)."

...

"A fronteira entre uma lacuna da lei e uma falha na lei na perspectiva da política legislativa só pode traçar-se na medida em que se pergunta se a lei é incompleta comparada com a sua própria intenção reguladora ou se somente a decisão nela tomada não resiste a uma crítica de política legislativa."

nas, no que é repetido por Claus-Wilhelm Canaris,[14] principalmente no aspecto em que o último apresenta o seu pensamento sistemático. Diz Canaris que "um sistema não representa mais do que a tentativa de captar e traduzir a unidade e a ordenação de um determinado âmbito material com meios racionais". Mais: "O sistema deixa-se, assim, definir como uma ordem axiológica ou teleológica de princípios gerais de Direito". E conclui:

"Deve-se, a tal propósito, ser claro em que a presença de tais lacunas legislativas de valores nem sempre se devem julgar negativamente. Na verdade, as lacunas da lei primeiro referidas são uma falha pesada; também muitas normas em branco nada mais representam do que uma desagradável solução de embaraço; mas por outro lado as cláusulas gerais 'carecidas de concretização' têm freqüentemente uma função totalmente legítima e opõem-se a uma generalização demasiado rígida, facultando a penetração da 'eqüidade' no sentido da justiça do caso concreto."

Ora, o que nos ensinam os hermeneutas clássicos, senão que existem caminhos jurídicos à luz da interpretação sistemática com valoração axiológica a ser subsumida ao caso concreto?

Nesse passo, a clara aplicação da interpretação sistemática axiológica e teleológica ao caso concreto. No dizer de Pontes de Miranda,[15] "se alguém propõe ação executiva contra dívida garantida por alguma caução judicial, ou hipoteca, a alegação de falsidade ou insuficiência do título há de ser julgada antes de qualquer eficácia de penhora, porque não se refere à executividade."

---

[14] *Pensamento Sistemático e Conceito de Sistema na Ciência do Direito*. Tradução de A. Menezes Cordeiro. Lisboa: Fundação Calouste Gulbenkian, 1989.

[15] Francisco Cavalcanti Pontes de Miranda. *Dez Anos de Pareceres*, Ed. Francisco Alves, 1975, 4º/126-128.

Não havendo título líquido e certo, não há executividade e, na medida em que o diploma processual vigente não aponta uma solução positiva para o problema, é de se questionar se nos deparamos diante de uma lacuna ou se nos deparamos diante de um fato que, por sua mera simplicidade, não requer a positivação legal. Se há lacuna, socorremo-nos da interpretação sistemática e dos critérios axiológicos de análise do caso concreto. O princípio da razoabilidade[16] toma lugar no caso e demonstra não ser crível o juiz impor a constrição de bens quando está manifesta a inexistência[17] ou a nulidade[18] do título executivo.

---

[16] Nesse sentido, Maria Helena Diniz. *As Lacunas do Direito*. 4ª ed., Saraiva, 1997, ensina: "Só se pode invocar um princípio geral do direito para preencher lacunas, quando não houver lei ou costume aplicável ao ponto controvertido." Entendemos que a resposta do pretenso devedor por outro meio que não os embargos do devedor constituem-se em ponto controvertido. Nesse passo, segue Maria Helena Diniz: "O sistema jurídico, mormente o civil, é um todo orgânico de normas, de fatos e princípios a ele concernentes, dos quais é possível, em caso omisso, retirar uma solução. A aplicação de tais princípios à esfera do direito civil é constante; servem, como demonstraremos oportunamente, em numerosas ocasiões, de motivos de inspiração para decidir problemas que nem a lei nem o costume, por si sós, podem resolver." Finalmente, conclui Maria Helena Diniz: "Sem os princípios não há ordenamento jurídico sistematizável nem suscetível de valoração. A ordem jurídica reduzir-se-ia a um amontoado de centenas de normas positivas, desordenadas e axiologicamente indeterminadas, pois são os princípios gerais que, em regra, rompem a inamovibilidade do sistema, restaurando a dinamicidade que lhe é própria. Contudo, esses princípios que servem de base para preencher lacunas não podem opor-se às disposições do ordenamento jurídico, pois devem fundar-se na natureza do sistema jurídico, que deve apresentar-se como um 'organismo' lógico, capaz de conter a solução segura para o caso duvidoso. Com isso se evita que o emprego dos princípios seja arbitrário ou conforme as aspirações, valores ou interesses do órgão judicante."

[17] Sobre o plano de existência, no mundo jurídico, veja-se a lição de Marcos Bernardes de Mello: "Ao sofrer a incidência de norma jurídica juridicizante, a parte relevante do suporte fático é transportada para o mundo jurídico, ingressando no plano da existência. Neste plano, que é o plano do *ser*, entram todos os fatos jurídicos, lícitos ou ilícitos. No plano da existência não se cogita de invalidade ou eficácia do fato jurídico, importa, apenas, a realidade da existência. Tudo, aqui, fica circunscrito a se saber se o suporte fático suficiente se compôs, dando ensejo à incidência. Naturalmente, se há falta, no suporte fático, de elemento nuclear, mesmo complementar do

Raimundo Bezerra Falcão[19] ensina que "deve-se restringir o odioso e ampliar-se o favorável". Caracteriza-se como odiosa a constrição de bens ante a ausência de pressupostos ou condições para que se proceda a execução.

Neste passo, Galeno Lacerda[20] é claro:

"(...) se o atual CPC exige, no art. 737, I, a segurança prévia do juízo pela penhora, para admissibilidade dos embargos do executado, claro está que a regra pressupõe execução normal com obediência dos pressupostos da ação executória. Se esses pressupostos ou condições inexistem, ou ocorre grave suspeita em tal sentido, constituiria violência inominável impor-se ao injustamente executado o dano, às vezes irreparável, da penhora prévia, ou, o que é pior, denegar-lhe qualquer possibilidade de defesa se, acaso, não possuir ele bens penhoráveis suficientes. Se aceitar tal absurdo, qualquer empresa ou pessoa de bem estará exposta à sanha de aventurei-

---

núcleo, o fato não tem entrada no plano de existência, donde não haver fato jurídico...O casamento realizado perante quem não tenha autoridade para casar, um delegado de polícia, por exemplo, não configura fato jurídico e, simplesmente não existe. Não se há de discutir, assim, se é nulo ou ineficaz, nem se precisa de ser desconstituído judicialmente, como costumam fazer os franceses, porque a inexistência é o *não-ser* que, portanto, não pode ser qualificado". (*Teoria do fato jurídico*. 3ª ed., Saraiva, 1988, p. 94). Quanto aos títulos executivos, para saber se existem ou não existem, basta verificar se estão presentes os requisitos dos artigos 584 (judiciais) e 585 (extrajudiciais) do Código de Processo Civil e 876 da Consolidação das Leis do Trabalho.

[18] Analisando o plano da eficácia, Mello ensina: "os atos nulos, de regra, não produzem sua plena eficácia. Precisamente por coincidirem, quase sempre, o nulo e o ineficaz é que se costumam confundir as duas espécies. Acontece, no entanto, que há casos, embora poucos, em que o ato jurídico nulo produz efeitos jurídicos (o casamento putativo, por exemplo), donde a necessidade de se distinguir o nulo do ineficaz". (Ob. cit., p. 97). Assim, existente o título executivo, mas ausentes os requisitos de existência do título ou o inadimplemento do devedor, nula será a execução.

[19] Ver *Hermenêutica*. Malheiros, 1997.

[20] *Execução de Título Judicial e Segurança do Juízo*. AJURIS, 27, 7/15.

ros. Basta que contra ele forjem um título falso, de alto valor, acima do patrimônio da vítima, para que lhe tolham toda e qualquer oportunidade de defesa, pela insuficiência da penhora. Evidentemente, a lei não pode ser interpretada deste modo, com conseqüências de tal ordem. Em especial, há de repelir-se a imoralidade da solução em face de nosso Código vigente, que se caracteriza, dentre todos, como o mais vigilante e rigoroso no resguardo do princípio da boa-fé processual. Cumpre, pois, afastar a interpretação literal do art. 737, I – aliás, a mais fraca das exegeses, segundo consenso unânime dos mestres de hermenêutica – para prestigiar-se, como se impõe, o primado do bom senso, e da regra moral no direito."

Se, contudo, não há lacuna, o que existe é efetivamente um fato que, por sua simplicidade, não exige tipificação legal.

Pontes de Miranda[21] faz uma distinção técnica, deixando claro, no seu entendimento, que o Código de Processo Civil, no artigo 737, regula situações onde há título executivo, seja judicial, seja extrajudicial. Não estando presentes os pressupostos da execução ou do título executivo, é irregular a execução e, portanto, inexiste a necessidade de regulamentação legal.

A distinção técnica levada a efeito por Pontes de Miranda[22] está insculpida no chamado direito pré-processual. Ele é quem diz se o título extrajudicial é um título executivo, ou não.

Com efeito, "a *ratio legis* está em que seria atribuir-se aos juízes poder incontrolável de executar sem que a pessoa contra quem se expede o mandado de penhora pudesse alegar incompetência de juízo, inclusive *ratione materiae*, ou suspeição do juiz, ou falta de pressupostos

---

[21] Ob. cit., p. 129/138.

[22] Idem, ibidem.

para a executividade do título (*lato sensu*)." Traz-se à colação o questionamento de Pontes de Miranda:[23]

"(...) há, no direito brasileiro, processo de oposição de exceções *fora* (= antes) dos embargos do executado, ou tem de ser opostas como matéria desses embargos? Abstraíamos do que se asserta nos sistemas jurídicos estrangeiros em que há afirmação de não se poder opor exceção processual no juízo executivo, ou de só se poder opor nos embargos do executado."..."A ação executiva exige título executivo, seja documental, seja sentencial. Aí, a diferença é grande entre título documental, ou, melhor, extrajudicial, e título judicial (sentença), dando ensejo às duas classes de ações executivas." (*Comentários ao Código de Processo Civil*, Tomo XIV, 73, s.)

Destarte, parece-nos, a título introdutório, deixando clara a intenção científica de discutir o tema no decorrer do presente trabalho, que, alegado e provado que o demandado não é pessoa vinculada contra o qual se poderia propor ação executiva, tem de haver decisão do juiz antes de se expedir mandado de penhora.

A questão é hermenêutica.[24] Mais: É de interpretação sistemática, pois, sendo o sistema um todo, reitera-se que o mesmo deve ser interpretado nesta perspectiva. Nesse passo, não há que se falar em lacunas ou antinomias, mas sim em soluções.

---

[23] Ob. cit., p. 129/138.

[24] Ver Nelson Saldanha. *Ordem e Hermenêutica*. Ed. Renovar: "Referindo-se à hermenêutica, Habermas deixou dito, em 1979, que ela 'coloca em primeiro plano a estrutura cotidiana da vida e promove uma classificação das estruturas profundas do mundo e da vida'. Em outro estudo, o mesmo autor observa que é da 'arte de compreender', e de fazer compreender, que a hermenêutica retira sua experiência específica."

2. Processo de conhecimento e processo de execução

O presente capítulo busca apontar em que essencialmente difere o processo de conhecimento do processo de execução.

Como diz a própria denominação, no processo de conhecimento o juiz procura "conhecer" os fatos, a partir da petição inicial e da resposta do réu, quando são traçados os limites da lide.

Ao examinar a lide, o juiz instruirá o feito e, se for o caso, produzidas as provas necessárias, aplicará a lei ao caso concreto.

No dizer de Humberto Theodoro Junior:[25]

"(...) embora tanto num como noutro, a parte exerça perante o Estado o direito subjetivo público de ação, a grande diferença entre os dois processos reside no fato de tender o processo de cognição à pesquisa do direito dos litigantes, ao passo que o processo de execução parte justamente da certeza do direito do credor, atestado pelo chamado *título executivo*"

Enquanto no processo de conhecimento o juiz decide, no processo de execução o juiz realiza. Liebman ensina que:

---

[25] Ver Humberto Theodoro Junior. *Processo de Execução*. 14ª ed. Edição Universitária de Direito, 1990, p. 11 e 12.

"(...) tal não importa em dizer que o processo de execução constitua o prosseguimento do de cognição, ou que este seja simplesmente a preparação daquele. Correspondem, em realidade, a dois processos distintos e representam figuras autônomas de proteção jurídica, porquanto contam-se, de um lado, sentenças que não têm necessidade de ser executadas para se obter a atuação do direito, e que não têm, por conseguinte, eficácia executória, ao passo que, em sentido contrário, numerosos atos existem, distintos da sentença, a que tal eficácia se atribui. Quando todavia, se propõe o processo de cognição com o objetivo de criar um título executório, então se pode e se deve dizer que serve de preparativo à execução, visto como a sentença que declara procedente o pedido não tem apenas a função geral de declarar a vontade da lei no caso concreto, senão também a de produzir uma declaração capaz de conduzir ao estádio ulterior da execução. Em tal hipótese, a sentença é condenatória".[26]

O processo é o meio de que o Estado se vale para compor os litígios ou conflitos de interesses gerados por pretensões resistidas. Assim, pode-se dizer que o objeto do processo é a composição da lide, através da aplicação da norma jurídica abstrata ao fato concreto deduzido em juízo.[27]

O processo de execução deve obedecer a determinados critérios que a lei exige. A execução forçada é um ato de força privativa do Estado. Realiza-se por meio de invasão da esfera patrimonial privada do devedor para promover coativamente o cumprimento da prestação a que tem direito o credor.

Sendo a execução forçada uma forma de ação, há que se verificar as chamadas condições da ação: possibi-

---

[26] Enrico Tullio Liebman. *Embargos do Executado*, Saraiva, 1968, p. 96.

[27] Ob. cit., p. 96.

lidade jurídica do pedido; legitimação para a causa e interesse de agir.

Consoante previsão do Código de Processo Civil,[28] o título executivo deve ser certo, líquido e exigível.

É necessário examinar-se, ainda, os pressupostos processuais que, no dizer de Pontes de Miranda[29] "são as qualidades que o juízo, as partes e a matéria submetida, bem como os atos essenciais do início devem apresentar, para que possa ser proferida sentença com entrega da prestação jurisdicional".

Os pressupostos processuais são tudo o que de início se requer para que seja possível a válida realização dos atos executivos pretendidos pelo credor, como a capacidade civil da parte, sua representação por advogado e a observância da forma procedimental adequada.[30]

Segundo Humberto Theodoro Junior,[31] a execução forçada rege-se por princípios especiais:

a) toda execução é real;

b) toda execução tem por finalidade apenas a satisfação do título do exeqüente;

c) a execução deve ser útil ao credor;

d) toda execução deve ser econômica;

---

[28] Art. 586. "A execução para cobrança de crédito fundar-se-á sempre em título líquido, certo e exigível.
§ 1º. Quando o título executivo for sentença, que contenha condenação genérica, proceder-se-á primeiro à sua liquidação.
§ 2º. Quando na sentença há uma parte líquida, ao credor é lícito promover simultaneamente a execução daquela e a liquidação desta."

[29] Ver Francisco Cavalcanti Pontes de Miranda. *Comentários ao Código de Processo Civil*, Volume I, 1974, prólogo, p. XXXII.

[30] A propósito, uma decisão do Tribunal de Justiça do Rio Grande do Sul, que trata exatamente da via procedimental adequada: "27028955 – EXECUÇÃO – A defesa deve ser exercida por intermédio de embargos do devedor, ou, no caso de manifesta nulidade, através de exceção de pré-executividade, esta a ser argüida antes da penhora. De todo inviável, portanto, o ajuizamento de ação ordinária, após o decurso do prazo para embargar, com essa finalidade. CPC 796. Apelo provido parcialmente." (*TJRS – AC 197260037 – RS – 3ª C. Cív. – Rel. Des. Luiz Ary Vessini de Lima – j. 11.03.1998*).

[31] Ob. cit., p. 22.

e) a execução deve ser específica;

f) a execução corre às expensas do executado;

g) a execução não deve levar o executado a uma situação incompatível com a dignidade humana;

h) o credor tem a livre disponibilidade da execução.

No processo de execução, o juiz pratica as operações necessárias para efetivar o conteúdo daquela regra, para modificar os fatos da realidade de modo a que se realize a coincidência entre as regras e os fatos.

Ao contrário do processo de conhecimento, discute-se haver, ou não, a decisão de mérito na ação de execução. Há quem diga que não há mais o que se discutir. O débito (dívida) existe e deve ser pago. A atividade do juiz é prevalentemente prática e material, visando a produzir, na situação de fato, as modificações necessárias para pô-la de acordo com a norma jurídica reconhecida e proclamada no título executivo.[32] Por outro lado, pode-se entender que o mérito da execução seria o próprio poder jurídico de executar.[33]

O processo de execução não é contraditório. Deve-se, no entanto, evitar a conclusão de que ocorre um total

---

[32] Nesse sentido, leciona Chiovenda: "O título executório é o pressuposto ou condição geral de qualquer execução e, assim, da execução forçada: *nulla executio sine titulo*. Consiste o título, necessariamente (*ad solemnitatem*), num *documento escrito*, do qual resulte uma vontade concreta de lei que garanta um bem. Normalmente, é uma provisão jurisdicional destinada, exatamente, a certificar essa vontade, como vimos até agora. Excepcionalmente, é um ato administrativo ou um contrato, mas de tal forma claro e simples, que dele se possa depreender, embora não certificada, a vontade concreta da lei: tal a ordem administrativa de pagar um imposto (*lançamento*), ou um ato contratual lavrado por tabelião, ou a cambial. Em todo título executório deve, pois, ter-se presente e distinto um duplo significado e elemento, substancial e formal: a) o título em sentido substancial é o *ato jurídico* de que resulta a vontade concreta da lei; b) o título em sentido formal é o *documento* em que o ato se contém" (Giuseppe Chiovenda. *Instituições de Direito Processual Civil*, Bookseller, p. 375)

[33] Durante a elaboração do presente trabalho, houve discussões entre o autor e o Professor José Maria Rosa Tesheiner, orientador, sobre a existência ou não de mérito na ação de execução. O debate não se aprofundou, porque o tema não é objeto de fundo deste trabalho.

desequilíbrio entre as partes,[34] pois não é verdadeiro que o Estado seja inteiramente parcial em favor do credor na execução.

É verdade que ao devedor é lícito resistir à pretensão executiva do credor. Para tanto, terá que se valer dos "Embargos do Devedor",[35] [36] onde, fora da execução, se instalará o contraditório. Assim, mesmo quando o devedor procura impugnar a pretensão do credor e cria um contraditório em torno dela, a discussão se passa no processo de embargos, e não no de execução, em face do qual o primeiro é incidente. Desconhece-se a contestação no processo de execução.

No tocante ao mérito da execução, as posições das partes são claras e nítidas. Nada há que acertar ou decidir em contraditório. Mas, sobre a forma de executar, é perfeitamente lícito o debate entre as partes, de sorte a gerar o mesmo contraditório que se conhece no processo de conhecimento.

O direito brasileiro, dando expressão legislativa ao princípio da absoluta autonomia do título executivo, segundo a doutrina que sustenta a tese de que enquanto houver título haverá crédito, denomina as partes do processo de execução, respectivamente, credor/exeqüente e devedor/executado.

O Código de Processo Civil prevê as modalidades de execução, segundo diversos procedimentos, variando de acordo com a natureza da prestação assegurada ao credor pelo título executivo.

---

[34] ver Cláudio Viana de Lima. *Processo de Execução*, 1973, n° 3, p. 22.

[35] Ver Art. 736 do Código de Processo Civil: "O devedor poderá opor-se à execução por meio de embargos, que serão autuados em apenso aos autos do processo principal."

[36] Ver art. 737 do Código de Processo Civil: "Não são admissíveis embargos do devedor antes de seguro o juízo:
I - pela penhora, na execução por quantia certa;
II - pelo depósito, na execução para entrega de coisa."

Consoante lição do Professor Ovídio Baptista da Silva:[37]

"(...) o princípio básico que alimenta a teoria do 'processo de execução', portanto, é o de que – tendo havido um prévio processo de conhecimento, de que resultou uma sentença condenando o devedor a prestar contas – haverá de ter lugar, nele, tão-somente o cumprimento do julgado, não sendo admissível que o devedor condenado volte a discutir o que já fora objeto de controvérsia no 'processo de conhecimento'. O 'processo de execução', segundo esta premissa, deveria buscar, apenas, dar cumprimento àquilo que o magistrado haja determinado em sentença".

Fundamentalmente o que se pretende dizer com essa breve distinção, é que, no "processo de execução", ao contrário do "processo de conhecimento", nada mais resta a ser decidido, a não ser o fato de que, previamente e de ofício, o juiz examina se efetivamente é executivo o título exibido pelo pretenso credor.

No "processo de execução" não há, portanto, em tese,[38] lugar para defesa do demandado. Existe o devedor condenado que a sofre e que não dispõe de outro meio para livrar-se da execução, senão atacá-la, por sua vez, com uma demanda inversa dirigida contra o credor, que seja capaz de desfazer o título executivo com base no qual a execução se processa.

---

[37] Ver Ovídio Antônio Baptista da Silva. *Curso de Processo Civil – Execução Obrigacional, Execução Real, Ações Mandamentais*. 3ª edição, Revista dos Tribunais, 1998, vol. 2.

[38] Diz-se em tese porque se está a discutir que a "exceção de pré-executividade" seria uma forma de defesa do executado.

3. O contraditório no processo de execução

Há que se considerar aqui, duas circunstâncias. De início e como base, o princípio constitucional insculpido no artigo 5º, inciso LV.[39] À luz do ordenamento jurídico pátrio, que tem na Constituição o seu esteio, não há como nos afastarmos da conclusão da existência do contraditório[40] na execução.

Não se olvide a Declaração Universal dos Direitos do Homem de 1948 que, no seu art. VIII, diz: "Todo homem tem direito a receber dos tribunais nacionais competentes remédio efetivo para os atos que violem os direitos fundamentais que lhe sejam reconhecidos pela constituição ou pela lei".

Com efeito, parte-se de uma premissa básica e incontroversa: a execução é processo previsto e sistematizado nos diversos ordenamentos jurídicos[41] e, especi-

---

[39] "aos litigantes, em processo judicial ou administrativo, e aos acusados em geral são assegurados o contraditório e ampla defesa, com meios e recursos a ela inerentes."

[40] Nesse sentido, ver Celso Ribeiro Bastos, "Curso de Direito Constitucional", Saraiva, 20ª ed., 1999, p.214: "É por isto que a defesa ganha um caráter necessariamente contraditório. É pela afirmação e negação sucessivas que a verdade irá exsurgindo dos autos. Nada poderá ter valor inquestionável ou irrebatível. A tudo terá de ser assegurado o direito do réu contraditar, contradizer, contraproduzir e até mesmo de contra-agir processualmente. Ligado historicamente ao direito penal, o direito à ampla defesa e ao contraditório, hoje, por força do novo Texto, trata-se de uma garantia aos acusados em geral."

[41] Ver sistemas italiano e argentino.

ficamente no nosso Código de Processo Civil.[42] Em uma interpretação sistêmica,[43] verifica-se que o comando constitucional,[44] cotejado com o regramento instrumental[45] demonstra um silogismo:[46] a todo processo administrativo ou judicial é assegurado o contraditório; o processo de execução é um processo judicial; logo, ao processo de execução é assegurado o contraditório. No processo civil, mesmo quando apoiada em sentença condenatória, a execução só se realiza por meio de uma nova relação processual, autônoma.[47] Não é o que ocorre no processo trabalhista, onde a execução é uma continuação da cognição.[48] [49] [50]

[42] Ver Livro II, arts. 566 e seguintes.

[43] Ver Juarez Freitas. *A Interpretação sistemática do Direito*. Malheiros, 1995.

[44] Artigo 5º, LV, Constituição da República Federativa do Brasil de 1988.

[45] Artigos 566 e seguintes do Código de Processo Civil.

[46] Ver *Dicionário Aurélio*. 2ª edição, Nova Fronteira: "Dedução formal tal que, postas duas proposições, chamadas premissas, delas se tira uma terceira, nelas logicamente implicada, chamada conclusão."

[47] Ver Humberto Theodoro Junior. *Processo de Execução*. 14ª edição, Edição Universitária de Direito, 1990.

[48] Nesse sentido, Ovídio Antônio Baptista da Silva, ao comentar a origem dessa importante fase do processo: "Por que natural que a *cognição* e a *execução* se tenham separado, para formarem dois processos autônomos, a exigirem duas ações independentes? Não teria havido, antes desta separação ocorrida no direito moderno, exemplos de sistemas jurídicos, em que se praticasse a unidade das duas funções num único procedimento? É Liebman mesmo que nos responde, mostrando que o princípio da unidade procedimental das duas funções, a caracterizarem uma única lide, consagrara-se amplamente no direito medieval, por influência do direito dos povos germânicos, o que desmente a conclusão de que a autonomia do processo executivo seja um resultado lógico inevitável: 'Mau grado a transformação do objeto da *actio* na última época do processo romano, que resumimos quanto possível no número precedente, permanece no direito romano, em todos os estágios de desenvolvimento, o princípio de que a sentença de condenação representa apenas o primeiro passo na marcha da realização do direito' (*Embargos do Executado*, p. 35)". *Jurisdição e Execução na tradição romano-canônica*. Editora Revista dos Tribunais, 1996.

[49] Ver Sergio Pinto Martins. *Direito Processual do Trabalho*. 10ª edição, Editora Atlas, 1999, p. 536: "Poderá o juiz determinar o andamento da execução sem provocação da parte *(ex officio)*. Trata-se de impulso determinado pelo próprio legislador. O objetivo é fazer com que haja efetivo cumprimento da decisão, pois o crédito trabalhista tem natureza alimentar e deveria ser executado mais rapidamente do que qualquer outro. O juiz, porém, não irá

O segundo aspecto a ser considerado é a posição da moderna doutrina acerca do tema. Como tem sido vista e interpretada a premissa acima apresentada pelos diversos processualistas e tribunais?

Para Montesquieu,[51] o juiz que concedesse uma medida executiva antes da declaração de certeza, expressa na sentença, de que o destinatário da tutela era de fato o titular do direito tutelado, tornar-se-ia, *ipso facto*, legislador, com "grave risco para a liberdade dos cidadãos". Mandrioli[52] defende o contraditório no processo de execução, mormente porque, no sistema italiano, como no nosso, há codificação em separado. O sistema argentino[53] também sistematiza de forma separada o processo de execução.

---

fazer prova pela parte, apenas irá impulsionar o processo sem esperar a vontade da parte em fazê-lo. Por exemplo, mandando os autos ao contador para que sejam feitas as contas, determinando penhora em certo bem, se este está descrito nos autos."

[50] Ver Manoel Antonio Teixeira Filho. *Execução no Processo do Trabalho*. 6ª edição, LTr, 1998, p. 97/98: "Dessa forma, quando, no caso em estudo, o processo de execução se inicia por ato do juiz, praticado de ofício, e assim se desenvolve até o fim sem a participação do credor, pode-se dizer que o *interesse* deste se encontrava implícito, pois tal interesse nada mais representaria do que uma extensão daquele que justificou o ajuizamento da inicial e da desenvolução do processo cognitivo até o seu ato de coroamento, a sentença de mérito, condenatória do réu."

[51] Ver Charles de Montesquieu, Barón de Secondat. *O espírito das leis*, Livro sexto, Martins Fontes, 1996.

[52] "Certamente, il creditore, in quanto propone la domanda esecutiva ed esercita l'azione esecutiva, è in certo senso un attore (3). Ma non si può dire allo stesso modo che il debitore sai un convenuto; ed infatti, in quanto il debitore non há che da subire l'esecuzione di un diritto già accertato, non c'è bisogno, almeno di regola (per un'eccezione, v. il § 23), d'immediato contraddittorio davanti al giudice, e quindi neppure del maccanismo che, nel processo di cognizione, tende ad instaurare subito il contraddittorio e si impernia sulla citazione dell'attore nei confronti del convenuto." (*Corso di Diritto Processuale Civile III*, 12ª edizione, G. Giappichelli Editore, 1998).

[53] Ver Jorge D. Donato, que, em *Juicio Ejecutivo*. Buenos Aires: Editorial Universidad, 1997, aborda o tema: "El juicio ejecutivo se halla sometido a trámites específicos, distintos, como ya hemos visto, de los del ordinario, v.gr. menor número de los actos que lo integran, reducción de sus dimensiones temporales y formales, etc., que le otorgan mayor celeridad en su desarrollo y conclusión. De estas circunstancias deriva, precisamente, el carácter especial que reviste."

Ao comentar o Código de Processo Civil de 1973, Barbosa Moreira[54] afirma que, embora distinto e autônomo, o processo de execução pressupõe o de conhecimento. Não trata, contudo, do contraditório. Giuseppe Tarzia, citando Liebman, expressa que o princípio do contraditório é garantia fundamental da justiça e regra essencial do processo.[55] A despeito de se tratar de execução, o contraditório tem como mérito mais significativo o de garantir a igualdade das partes no processo. A estrutura e a função jurisdicional são questionadas quando alguém defende a tese de que não há contraditório no processo de execução. Ao discorrer sobre o tema, Tarzia[56] cita Satta[57] como defensor da posição mais extrema em relação ao tema:

"(...) o processo de execução 'não precisa do contraditório'; desenvolve-se *inaudita altera parte*; tem caráter unilateral, seja porque 'a ação executiva se concretiza em atos de imediata agressão ao patrimônio do devedor', seja porque o devedor, mero sujeito passivo da execução, 'não está diante do seu credor, como sujeito de um conflito jurídico, mas como portador de um interesse econômico."

Em qualquer hipótese, o princípio do contraditório no processo está contido no princípio maior, que é o da igualdade.[58] Ora, se todos são iguais perante a lei, sem qualquer distinção e, se existe o direito ao contraditório,

---

[54] *Novo Processo Civil Brasileiro.* 18ª edição, Forense, 1996.

[55] Ver Giuseppe Tarzia. "O contraditório no processo executivo", *Revista de Processo nº 28*, 1982.

[56] Id. ibid.

[57] Ob cit., *apud* Satta. *A execução forçada*, Turim, 1963, e *Direito Processual Civil*, Pádua, 1973.

[58] Artigo 5º da Constituição da República Federativa do Brasil: "Todos são iguais perante a lei, sem distinção de qualquer natureza, garantindo-se aos brasileiros e aos estrangeiros residentes no País a inviolabilidade do direito à vida, à liberdade, à igualdade, à segurança e à propriedade, nos termos seguintes:"

efetivamente existe o contraditório no processo de execução. Não se deve confundir o contraditório no próprio processo de execução com os Embargos do Devedor.[59] [60] Estes têm natureza jurídica de ação (nova ação). Por outro lado, tratar-se-á do instituto denominado "exceção de pré-executividade" no capítulo 7, demonstrando que também este instituto é uma objeção à pretensa execução.[61] No Processo do Trabalho, a execução é, a rigor, uma segunda fase do processo (ainda que preclusa a fase do contraditório - conhecimento).

---

[59] Ver artigo 736 do CPC: "O devedor poderá opor-se à execução por meio de embargos, que serão autuados em apenso aos autos do processo principal."

[60] Ver capítulo 5 do presente livro.

[61] Importante, porém, que haja manifesta e evidente ausência de requisitos, conforme decisão do Tribunal de Justiça do Rio Grande do Sul: "27017145 – EXCEÇÃO DE PRÉ-EXECUTIVIDADE – A exceção de pré-executividade, como medida excepcional que é, só pode ser aceita em casos especialíssimos, quando evidente a falta de requisitos do título que se pretende executar. (art. 585, do CPC). Recurso improvido." (TJRS – AI 599145711 – RS – 16ª C. Cív. – Rel. Des. Claudir Fidelis Faccenda – j. 12.05.1999).

4. Requisitos necessários a toda execução

A definição de "requisito" é do *Novo Dicionário Aurélio*:[62] "que se requisitou ou requereu. Condição necessária para a obtenção de certo objetivo, ou para o preenchimento de certo fim; quesito. Exigência legal necessária para certos efeitos; quesito."

No clássico *Sistema del Diritto Processuale Civile*, Carnelutti apresenta a noção de requisito.[63]

Quando se fala em requisitos necessários a toda execução, busca-se delimitar a condição necessária para que efetivamente exista execução. Qual é a previsão legal de existência de execução. Nesse sentido, buscam-se delimitar tais requisitos.

No ordenamento jurídico brasileiro, a matéria é tratada no Código de Processo Civil, dos artigos 580 a 590. O diploma instrumental arrola o inadimplemento do devedor e o título executivo. Pontes de Miranda[64] entende haver dois requisitos necessários, sem os quais, não há executabilidade: o título e o inadimplemento. É lógico que, primeiramente vem o título e, somente de-

---

[62] Aurélio Buarque de Holanda Ferreira. *Novo Dicionário da Língua Portuguesa*. 2ª ed. Editora Nova Fronteira.

[63] Ao tratar "dei requisiti degli atti processuali", Carnelutti ensina: "Requisito giuridico è un modo di essere dell'atto, o, in altre parole, un suo carattere, alla cui presenza o ala cui assenza è subordinato, nella esistenza o nella misura, un effetto giuridico; perciò un modo di essere dell'atto rilevante per il diritto." (Francesco Carnelutti, *Sistema del Diritto Processuale Civile*, Padova, p. 128).

[64] *Comentários ao Código de Processo Civil*, Tomo IX, Forense, 1976, p. 181.

pois, virá o inadimplemento. Desta forma, em que pese ser irrelevante, o Código sistematizou a matéria de forma invertida.[65] Assim, passam-se a examinar os chamados pressupostos específicos da execução forçada[66] ou pressupostos processuais da execução.

4.1. Pressupostos processuais

Ao tratar da matéria, Tesheiner[67] adota a classificação de Galeno Lacerda e acresce o pressuposto da demanda. Assim, genericamente os pressupostos processuais seriam os seguintes:

"1 - subjetivos, concernentes ao juiz: a jurisdição, a competência e a imparcialidade;
2 - subjetivos, concernentes às partes: a personalidade judiciária, a legitimação para o processo e a capacidade postulatória;
3 - objetivos: o pedido, a causa de pedir, a existência de nexo lógico entre ambos e, no caso de cumulação de pedidos, sua compatibilidade;
4 - formais: os relativos à forma dos atos processuais;
5 - extrínsecos à relação processual: a inexistência de impedimentos processuais, como a litispendência e a coisa julgada;
6 - antes de todos eles, a demanda, isto é, o ato de pedir a tutela jurisdicional."

No dizer de Humberto Theodoro Junior[68] "a admissibilidade da execução forçada exige a concorrência de dois pressupostos básicos e indispensáveis", que são o

---

[65] Ver Código de Processo Civil, artigos 580 e seguintes.

[66] Ver Humberto Theodoro Junior. *Processo de Execução*. 14ª edição, Edição Universitária de Direito, 1990, p. 87 e segs.

[67] José Maria Rosa Tesheiner. *Pressupostos Processuais e Nulidades no Processo Civil*. Saraiva, 2000, p. 32.

[68] Ob. cit., p. 87.

46   *Gilberto Stürmer*

inadimplemento do devedor e o título executivo judicial ou extrajudicial.

No Código de Processo Civil, a matéria está sistematizada de forma invertida, já que o título executivo é preexistente em relação ao inadimplemento. Conquanto possa haver inadimplemento sem título executivo, a matéria aqui tratada é relativa à execução e, neste tipo de processo (execução), o título vem antes do eventual inadimplemento. O inadimplemento do devedor está previsto nos artigos 580 a 582 do Código, e o título executivo, do artigo 583 ao artigo 590. Os títulos executivos judiciais estão arrolados no artigo 584, e os títulos executivos extrajudiciais estão previstos no artigo 585 do Código. Para que possa haver o processo de execução, os dois pressupostos devem estar conjugados, ou seja, não sobrevivem individualmente.

Assim, na medida em que a legislação instrumental fala dos requisitos[69] necessários para qualquer execução e a doutrina, não raro, apresenta a expressão "pressuposto",[70] tem-se que, no caso em análise, o título executivo e o inadimplemento do devedor são requisitos e, ao mesmo tempo, pressupostos processuais da ação de execução.[71] Por outro lado, o título executivo é pressu-

---

[69] Ver Aurélio Buarque de Hollanda Ferreira. *Novo Dicionário da Língua Portuguesa*. 2ª edição, Nova Fronteira, p.1492: "...Condição necessária para a obtenção de certo objetivo, ou para o preenchimento de certo fim; quesito. ... Exigência legal necessária para certos efeitos; quesito.

[70] Ob. cit., p. 1389: "...que se pressupõe...Circunstância ou fato considerado como antecedente necessário ao outro."

[71] Ao ser elaborado o presente trabalho, foi também considerada a hipótese de que o título executivo integra a causa de pedir da execução e, portanto, não seria pressuposto, mas sim, matéria de mérito. Entende o autor que, na medida em que não existe ação de execução sem título executivo, efetivamente o título é pressuposto e não mérito. Nesse sentido, uma posição levaria à outra. Ora, entendendo que o poder do juiz em executar é mérito, poder-se-á concluir que o próprio título seria mérito. Mas, se nos convencermos de que não há mérito na ação de execução, pelo simples fato de que já não há contraditório, o título será pressuposto processual e requisito à execução.

posto do inadimplemento quando se fala em processo de execução. Luiz Peixoto de Siqueira Filho[72] diz que a "relação processual deve ser constituída e se desenvolver de forma válida, até o provimento final do processo de execução. Para tanto, reclama-se a capacidade das partes, a regularidade na sua representação, a compatibilidade do juízo e o procedimento adequado à pretensão deduzida." Ausentes os pressupostos processuais, não há falar em execução. Assim tem entendido a jurisprudência dominante.[73]

4.1.1. Existência

O artigo 262 do Código de Processo Civil diz que "o processo civil começa por iniciativa da parte, mas se desenvolve por impulso oficial.

Nesse sentido, a petição inicial e a investidura do órgão jurisdicional são pressupostos de existência do processo executivo.[74]

---

[72] Ver *Exceção de Pré-Executividade*. 2ª edição, Lumen Juris, p. 20/21.

[73] Aqui, duas decisões do Tribunal de Justiça do Rio de Janeiro: "17001380 – EXECUÇÃO – EXCEÇÃO DE PRÉ-EXECUTIVIDADE – NULIDADE DA EXECUÇÃO – CASSAÇÃO DA SENTENÇA – Processual Civil. Exceção de pré-executividade. A argüição de nulidade da execução, através da denominada 'exceção de pré-executividade', não requer a propositura da ação de embargos à execução, sendo resolvida incidentalmente. Provimento do recurso." (MCG) (TJRJ – AC 2.596/98 – Reg. 090998 – Cód. 98.001.02596 – RJ – 16ª C. Cív. – Rel. Desig. Juiz Nagib Slaibi Filho – j. 30.06.1998) "17001381 – EXECUÇÃO – EXCEÇÃO DE PRÉ-EXECUTIVIDADE – OPORTUNIDADE DE ARGÜIÇÃO – REQUISITOS – Execução. Exceção de pré-executividade. Limites de abrangência. Pode o devedor, independentemente de embargos e penhora, discutir, em exceção de pré-executividade, a nulidade do processo de execução, inscritos no artigo 618 do CPC. É-lhe defeso, entretanto, tentar argüir, sem estar seguro o Juízo seguro pela penhora, o suposto excesso de execução, matéria somente oponível pela via dos embargos. Agravo improvido." (MGS) (TRRJ – AI 6.002/98 – Reg. 201198 – Cód. 98.002.06002 – RJ – 5ª C. Cív. – Rel Desig. Juiz Carlos Raymundo – j. 20.10.1998).

[74] Ob. cit., p. 21.

Há que se considerar a circunstância de que todo processo inicia com a petição inicial. Esta deve ser dirigida ao órgão jurisdicional que tenha competência para dela conhecer.

Cumpre registrar aqui a lição do jurista gaúcho Jorge Luís Dall'Agnol que, em brilhante monografia sobre os pressupostos processuais, discorreu sobre o tema:

"Constituem pressupostos processuais de existência a demanda e o órgão investido de jurisdição. Demanda proposta perante quem não tem investidura jurisdicional, e.g., porque concursado ainda não foi nomeado; ou porque juiz em disponibilidade ou aposentado, não tem idoneidade para ensejar processo (jurisdicional). De igual modo, se o juiz arbitrariamente instaura um 'processo' não existe aí aquele instrumento público de técnica jurídica que configura o processo jurisdicional. Essa inexistência jurídica assenta-se no princípio da iniciativa da parte (*ne procedat iudex ex officio; nemo iudex sine actore*), entre nós insculpido em norma legal: artigo 262 do Código de Processo Civil."[75]

4.1.2. Validade

No que diz respeito à validade, há que se falar na petição inicial apta, ou seja, a petição inicial que não se enquadra nos casos de inépcia previstos no artigo 295 do Código de Processo Civil. A capacidade postulatória do exeqüente é examinada pelo juiz, como pressuposto de validade da ação executiva. A previsão do artigo 615[76] do Código de Processo Civil, o título execu-

---

[75] Jorge Luís Dall'Agnol. *Pressupostos Processuais*, Letras Jurídicas, p. 33.

[76] Art. 615. Cumpre ainda ao credor:
I - indicar a espécie de execução que prefere, quando por mais de um modo

tivo[77] e o demonstrativo de débito atualizado são também pressupostos de validade do processo de execução. Por derradeiro, como último pressuposto de validade do processo, o juiz determina a citação do executado para que este venha compor a relação jurídica processual. Também aqui, cabe repetir a lição de Dall'Agnol:

---

pode ser efetuada;
II - requerer a intimação do credor pignoratício, hipotecário, ou anticrético, ou usufrutuário, quando a penhora recair sobre bens gravados por penhor, hipoteca, anticrese ou usufruto;
III - pleitear medidas acautelatórias urgentes;
IV - provar que adimpliu a contraprestação, que lhe corresponde, ou que lhe assegura o cumprimento, se o executado não for obrigado a satisfazer a sua prestação senão mediante a contraprestação do credor.

[77] Art. 584 do Código de Processo Civil: "São títulos executivos judiciais: I - a sentença condenatória proferida no processo civil; II – a sentença penal condenatória transitada em julgado; a sentença arbitral e a sentença homologatória de transação ou de conciliação; IV – a sentença estrangeira, homologada pelo Supremo Tribunal Federal; V – o formal de certidão de partilha. Parágrafo único. Os títulos a que se refere o nº V deste artigo têm força executiva exclusivamente em relação ao inventariante, aos herdeiros e aos sucessores do título universal ou singular."
Art. 585 do Código de Processo Civil: "São títulos executivos extrajudiciais: I – a letra de câmbio, a nota promissória, a duplicata, a debênture e o cheque; II – a escritura pública ou outro documento público assinado pelo devedor; o documento particular assinado pelo devedor e por duas testemunhas; o instrumento de transação referendado pelo Ministério Público, pela Defensoria Pública ou pelos advogados dos transatores; III – os contratos de hipoteca, de penhor, de anticrese e de caução, bem como de seguro de vida e de acidentes pessoais que resulte morte ou incapacidade; IV – o crédito decorrente de foro, laudêmio, aluguel ou renda de imóvel, bem como encargo de condomínio desde que comprovado por contrato escrito; V – o crédito de serventuário de justiça, de perito, de intérprete, ou de tradutor, quando as custas, emolumentos ou honorários forem aprovados por decisão judicial; VI – a certidão de dívida ativa da Fazenda Pública da União, Estado, Distrito Federal, Território e Município, correspondente aos créditos inscritos na forma da lei; VII – todos os demais títulos, a que, por disposição expressa, a lei atribuir força executiva; § 1º. A propositura de qualquer ação relativa ao débito constante do título executivo não inibe o credor de promover-lhe a execução; § 2º. Não dependem de homologação do Supremo Tribunal Federal, para serem executados, os títulos executivos extrajudiciais, oriundos de país estrangeiro. O título, para ter eficácia executiva, há de satisfazer aos requisitos de formação exigidos pela lei do lugar de sua celebração e indicar o Brasil como lugar de cumprimento da obrigação."

"Pressupostos processuais de validade são os requisitos necessários para o desenvolvimento válido do processo. Desenvolvimento válido no sentido de que devam estar presentes a fim de que o processo seja um instrumento idôneo de prestação jurisdicional, com condições de ensejar uma sentença de mérito. Enquanto os pressupostos de existência devem estar presentes na instauração do processo, com relação aos pressupostos de validade é suficiente que a relação processual mostre-se sem vícios no momento da sentença."[78]

4.2. Condições da Ação Executiva

Sendo a execução uma forma de ação, está a mesma adstrita às chamadas condições da ação, que são a possibilidade jurídica do pedido, a legitimação para agir e o interesse de agir.

O pedido deve estar embasado em previsão legal. No caso da ação de execução, a previsão é dos artigos 584 e 585 do Código de Processo Civil.

A legitimação para agir está vinculada aos pressupostos necessários a toda execução. Se há necessidade de existência de um título executivo[79] e do inadimplemento, a legitimação para ajuizar ação executiva é do portador do título que o leva a juízo em face da resistência do devedor. O interesse de agir se dá exatamente a partir dessa pretensão resistida.

---

[78] Ob. cit., p. 33/34.

[79] Ver artigos 584 e 585 do Código de Processo Civil.

A exceção de pré-executividade nos
PROCESSOS CIVIL E DO TRABALHO

5. Embargos à execução nos Processos Civil e do Trabalho

Dispõe o artigo 736 do Código de Processo Civil que o devedor poderá opor-se à execução por meio de embargos, que serão autuados em apenso do processo principal. Os embargos do devedor somente são admissíveis quando seguro o juízo pela penhora ou pelo depósito (artigo 737, incisos I e II, do Código de Processo Civil).

No dizer de Pontes de Miranda,[80] "qualquer demandado nas ações executivas de título executivo judicial ou extrajudicial, é legitimado à oposição de embargos do devedor, *mesmo se afirma que devedor não é."* (grifamos)

Na execução, o exeqüente busca a tutela estatal no sentido de atender à eficácia jurídica do título executivo.

A relação jurídica processual é estabelecida a partir da citação do devedor,[81] ou seja, o autor (exeqüente) busca a tutela estatal (juiz), apresentando um título executivo judicial ou extrajudicial e alegando inadimplemento. Verificados pelo juiz os pressupostos, requisitos e condições da ação, é determinada a citação do réu (executado). Citado o executado, está formada a relação jurídica processual. Não há, contudo, previsão legal de manifestação do réu (executado). Não existe no plano

---

[80] Ob. cit., p. 61.

[81] Ver capítulo 4.1.2.

legal, como no processo de cognição, uma contestação e, muito menos, prazo para apresentação de qualquer remédio jurídico. O que existe, sim, é a determinação judicial de que o devedor efetue o pagamento ou nomeie bens à penhora. Somente a partir daí, isto é, da segurança do juízo, é que o devedor poderá ajuizar a ação de embargos.

Nesse sentido, Araken de Assis é enfático: "Como quer que seja, a idéia de que os embargos constituem ação incidente à execução é universal".[82] Registra o processualista gaúcho que o processo executivo não comporta a defesa do devedor. A desconstituição da pretensão executiva dar-se-á através de ação autônoma.[83]

No processo do trabalho, os embargos do devedor estão previstos no artigo 884 da Consolidação das Leis do Trabalho, que dispõe: "Garantida a execução ou penhorados os bens, terá o executado 5 (cinco) dias para apresentar embargos, cabendo igual prazo ao exeqüente para impugnação."[84]

Com efeito, o ponto nuclear dos embargos à execução, tanto no processo civil, como no processo do trabalho, está na circunstância de que os mesmos somente são admissíveis quando seguro o juízo, por depósito ou penhora. O prazo difere. Enquanto no processo do trabalho, a previsão é de cinco dias, no processo civil é de dez. Mais: o prazo no processo do trabalho inicia do momento do depósito ou da penhora, ao contrário do processo comum, onde o prazo se inicia com a juntada do termo de penhora ou depósito aos autos. Ademais,

---

[82] ver Araken de Assis. *Manual do Processo de Execução*. 3ª ed. Ed. Revista dos Tribunais, 1996, p. 928.

[83] Ob. cit., p. 927.

[84] É do entendimento do autor que a Medida Provisória nº 2.102-32, de 21/06/01 (32ª edição), que alterou para trinta dias o prazo para embargos à execução previsto no artigo 884 da CLT, o fez modificando a Lei nº 9.494, de 10/09/97, que trata de procedimentos em relação à Fazenda Pública. Com efeito, permanece o prazo de cinco dias para os embargos à execução do particular.

no processo do trabalho, os embargos e a própria execução são continuidade do processo de cognição e não há autuação em apenso. Isto porque, neste processo, busca-se o chamado crédito alimentar,[85] devendo haver maior celeridade.

Em qualquer hipótese, a natureza jurídica dos embargos à execução (cível ou trabalhista) é de ação, e não de recurso ou de defesa. Nesse sentido, é uma ação de conhecimento, onde há produção de provas e onde o devedor passa a ser o autor. Tanto no processo comum (onde há autos em apenso), quanto no processo do trabalho, os embargos têm natureza de ação desconstitutiva[86] [87] do título executivo, como incidente da execução.

Para Moreira,[88] "os embargos não formam outra relação processual, não formam outro processo. Se apresentam caráter incidental; passam a fazer parte daquilo sobre que incidem, isto é, passam a fazer parte do processo de execução, que, assim, tem sua cognição dilatada, ampliada." Isto se torna ainda mais óbvio no processo laboral, onde sequer há autos apartados, mas sim, uma continuação do procedimento cognitivo.

Humberto Theodoro Junior[89] ensina que:

---

[85] Martins ensina que "o fato de que o empregado deve receber mais rapidamente as verbas que lhe são devidas, porque são de natureza alimentar, devendo, assim, haver uma simplificação de procedimento, não quer dizer que em outros tipos de processo isso não deva ocorrer, como no processo penal, em que o processo deveria ter um mínimo de formalidades para se buscar a verdade e condenar o culpado e absolver o inocente." (Sergio Pinto Martins. *Direito Processual do Trabalho*. 14ª ed. Atlas, 2000, p. 64).

[86] ver id. Ibid. p. 556-557.

[87] Nesse sentido, Pontes de Miranda: "Todas as ações de decretação de nulidade são ações constitutivas negativas...Também são constitutivas negativas as ações de anulação, de resolução e de rescisão (*Tratado das Ações*, Revista dos Tribunais, 1970, p. 129). Entendemos ação desconstitutiva como constitutiva negativa. Com efeito, o que se pretende nos embargos à execução é decretar a nulidade, anular, resolver ou rescindir o título apresentado pelo credor.

[88] Alberto Camiña Moreira. *Defesa sem Embargos do Executado – Exceção de Pré-Executividade*. Saraiva, 1998, p. 13.

[89] *Processo de Execução*. 14ª ed. Ed. Universitária de Direito, 1990, p. 342.

"denominam-se embargos os incidentes em que o devedor ou terceiro procuram defender-se dos efeitos da execução forçada, não só visando evitar a deformação dos atos executivos e o descumprimento de regras processuais, como resguardar direitos materiais supervenientes ao título executivo capazes de neutralizá-lo ou de reduzir-lhe a eficácia, como pagamento, novação, compensação, remissão, etc."

Theotonio Negrão sustenta que "só é possível desconstituir-se título executivo mediante a apresentação de embargos à execução.[90] Todavia, se a execução é nula, não há necessidade de atacá-la através de embargos".[91]

Quando examina o tema,[92] Negrão[93] sustenta que "a nulidade da execução pode ser alegada a todo tempo, desde que ausentes os requisitos do artigo 586.[94] Sua argüição não requer a segurança do juízo, nem exige a apresentação de embargos à execução. Deve ser decretada de ofício. Entretanto, se o título executivo apresenta, formalmente, a aparência de liquidez, certeza e exigibilidade, a sua descaracterização só poderá ser

---

[90] Assim já decidiu o Tribunal Regional Federal da 1ª Região: " "311206 – HCPC.745 – EXCEÇÃO DE PRÉ-EXECUTIVIDADE – EMBARGOS DO DEVEDOR – 1. A exceção de pré-executividade, admitida pela praxe forense para os casos em que o título exeqüendo se apresente com defeitos substanciais de constituição, não constitui via adequada para a discussão de matéria própria dos embargos do devedor (art. 745 – CPC). 2. Improvimento do agravo de instrumento." (TRF 1ª R. – AI 1998.01.00.061054-0 – BA – 3ª T. – Rel. Juiz Olindo Menezes – DJU – 14.05.1999 – p. 102).

[91] Ver Theotonio Negrão. *Código de Processo Civil*. 30ª edição, Saraiva.

[92] Ver artigo 618 do Código de Processo Civil: É nula a execução, se o título executivo não for líquido, certo e exigível; se o devedor não for regularmente citado; se instaurada antes de se verificar a condição ou de ocorrido o termo, nos casos do art. 572: Quando o juiz decidir relação jurídica sujeita a condição ou termo, o credor não poderá executar a sentença sem provar que se realizou a condição ou que ocorreu o termo.

[93] Ob. cit., p. 647.

[94] Art. 586, CPC: "A execução para cobrança de crédito, fundar-se-á sempre em título líquido, certo e exigível."

buscada através de embargos do devedor, nunca por simples petição nos autos". Por fim, Negrão[95] ensina que "tratando-se de matéria referente à viabilidade da execução, como por exemplo, pressupostos processuais, que devem ser encaminhados até mesmo de ofício, não está o devedor obrigado a previamente garantir o juízo para alegar tais questões via embargos, podendo fazê-lo, desde logo, obrigando o juiz a decidir."

Os comentários de Theotonio Negrão levam em conta de forma precípua as decisões dos tribunais pátrios, já que a lei não trata da matéria.

Na coleção *Comentários ao Código de Processo Civil*, da Editora Forense, Celso Neves examina, no volume VII, os artigos 646 a 795 do Código de Processo Civil. Em relação ao tema, o professor da USP trata do caráter incidental da ação de embargos e autuação em apartado: "Tratando-se de ação incidental de conhecimento que tem por pressuposto a execução iniciada, curial que se autue em apenso ao processo dessa, *a fortiori*, nos casos em que o seu ajuizamento suspende o curso do procedimento executório".[96]

A rigor, a intenção desta ação incidental denominada *Embargos à Execução* é de opor-se à própria ação executória. Mais adiante, Neves ensina:

"O exercício dessa ação implica, precipuamente, oposição ao uso da ação executória, restringido-se, pois, ao *executado*, em sentido amplo, a legitimação ativa para os embargos ao procedimento *juris-satisfativo*, pela qual se determina a legitimação passiva na pessoa do exeqüente. A relação processual que se estabelece é outra, de natureza diversa, entre as mesmas partes, porém em posição inversa. A própria lide que, no caso do processo de execução,

---

[95] Ob. cit. p. 645.

[96] Celso Neves. *Comentários ao Código de Processo Civil*. 7ª ed., Vol. VII, Forense, 1999, p. 177.

A exceção de pré-executividade nos
PROCESSOS CIVIL E DO TRABALHO

57

concerne a uma *pretensão insatisfeita*, na hipótese dos embargos, versa sobre *pretensão resistida*, decorrente da incerteza no plano do juízo; não no plano de vontade. Tudo isso justifica e aconselha a sua autuação apartada".[97]

No processo do trabalho, a ação de embargos do devedor também é vista sob o ponto de vista incidental em relação à execução. No processo de execução o devedor é citado, não para contestar, mas para cumprir a obrigação, no prazo e modo estabelecidos, consoante previsão do artigo 880 da Consolidação das Leis do Trabalho.

"E, embora o processo de execução não seja informado pelo princípio do contraditório, já que seu escopo reside na prática de atos coercitivos, destinados a levar o devedor a satisfazer o crédito do credor, reconhecido pela sentença exeqüenda, isso não significa que, em dado momento desse processo, não possa surgir controvérsia, suscitada pelo devedor, a respeito de fatos a que a lei atribui relevância jurídica. Permite a norma legal que o devedor se oponha, de maneira justificada, à execução; essa oposição, a ser manifestada no momento processual oportuno, tem como seu instrumento específico a figura dos *embargos do devedor*".[98]

Segue o juslaboralista ensinando que:

"(...) na execução não pode o devedor impugnar o título executivo, pois isso não se conforma à natureza e à estrutura desse processo; pondo à frente tais particularidades da execução, o legislador instituiu, na verdade, um outro processo, distinto do de execução, mas que a ele se vincula por íntima cone-

---

[97] Ob. cit., p. 178.

[98] Ver Manoel Antonio Teixeira Filho. *Execução no Processo do Trabalho.* 6ª ed. LTr, 1998, p. 523/524.

xão. Os embargos do devedor representam, pois, processo que não se confunde com o de execução, conquanto tenha, neste, o seu pressuposto legal".[99] No processo de embargos, o devedor assume a posição de autor, e não de contestante. Teixeira Filho conceitua o instituto como "ação do devedor, ajuizada em face do credor, no prazo e forma legais, com o objetivo de extinguir, no todo ou em parte, a execução, desconstituindo, ou não, o título em que se funda".[100] Ao examinar o conceito, verifica-se, inicialmente, a autonomia da ação em relação à ação de execução. Constata-se, ainda, que a mesma é ajuizada pelo devedor, contra o credor, com objetivo fundamental de atacar a pretensão executiva, no todo ou em parte. O prazo e forma legais dependem da matéria e do ordenamento jurídico. Como examinado no presente capítulo, no Brasil, a execução comum tem base no Código de Processo Civil, enquanto a execução trabalhista encontra guarida na Consolidação das Leis do Trabalho. Há, ainda, aplicação subsidiária de outros diplomas. A matéria, contudo, será analisada em capítulo próprio. Examinando a matéria, Martins afirma que:

"a natureza jurídica dos embargos à execução é de ação e não de recurso ou de defesa. Será uma ação de conhecimento, onde o devedor poderá fazer a prova do alegado nos embargos, assumindo posição de autor, e o exeqüente passará a ser réu. Terá a natureza de ação constitutiva, de incidente da execução. Irá desconstituir o direito de execução ou certos atos da execução. Assim, têm os embargos natureza de ação incidental desconstitutiva do título judicial".[101]

---

[99] Ob. cit., p. 524.

[100] Ob. cit., p. 525.

[101] Sergio Pinto Martins. *Direito Processual do Trabalho*. 14ª edição, Atlas, 2000, p. 600.

É, portanto, uníssono na doutrina nacional e estrangeira,[102] processual civilista ou trabalhista, o fato de que os embargos do devedor são efetivamente incidentais. Com efeito, a relação jurídica processual se modifica, quando o devedor passa a ser autor, e o credor passa a ser réu.[103] Nascimento,[104] citando Liebman, entende "tratar-se de ação em que o executado é autor e o exeqüente é réu, mais precisamente, a ação incidente do executado visando anular ou reduzir a execução ou tirar ao título sua eficácia executória."

Registrado o entendimento doutrinário, basicamente no que diz respeito ao cabimento e à natureza dos embargos à execução, passa-se a examinar a exceção de pré-executividade.

---

[102] Ver Jorge D. Donato, "Juicio Ejecutivo", Editorial Universidad, 1997, p.96: "Ya hemos puntualizado que el embargo constituye, en el juicio ejecutivo, una medida subsidiaria de la intimación del pago. Dicha medida, por conseguiente, debe hacerse efectiva únicamente cuando la intimación resulte fallida. La circunstancia señalada, sin embargo, no es óbice para que el ejecutante obtenga previamente a la intimación, un embargo preventivo."

[103] Nesse sentido, a lição de Pontes de Miranda (*Comentários ao Código de Processo Civil*, Tomo XI, Forense, 1976): "Nos embargos do devedor, o credor (exeqüente) é demandado, é réu, e autor o devedor. Enquanto na ação executiva não há defesa pelo devedor, na ação de embargos, em que o autor é o devedor, o credor, réu, pode *impugnar* os embargos (arts. 740 e 747 do CPC). Para isso, recebidos os embargos, é intimado o credor para impugná-los, no prazo de dez dias, designando-se em seguida a audiência de instrução e julgamento (arts. 740, 444-446)...O que se tem por fito é o *mandado* de pôr fora da execução os bens do embargante, por ser inexecutável o título que se disse 'executivo'. O fundamento pode ser o de invalidade, como pode ser o de inexistência, ou, até mesmo, só o de ineficácia. A execução proveio de título judicial ou extrajudicial, a que se atribuiu a eficácia executiva, e o embargante mostra, qualquer que seja o fundamento, que não podia, ou ainda não podia ser executado, e o mandado para que se retire o que resultou do mandado na ação executiva.)"

[104] Amauri Mascaro Nascimento. *Curso de Direito Processual do Trabalho*. 12ª ed., Saraiva, 1990, p. 284.

6. Exceção de pré-executividade

6.1. Considerações Preliminares[105]

Chega-se ao problema fundamental do presente trabalho. Fez-se o cotejo do processo de conhecimento com o de execução, o contraditório e os requisitos do processo de execução e, finalmente, os embargos à execução. Tudo à luz da interpretação sistemática como porta de entrada da proposta em estudo. Examinar-se-á, também, que diferenças e semelhanças existem entre os embargos à execução e a exceção de pré-executividade.

---

[105] Cumpre, desde logo, registrar o entendimento da jurisprudência acerca da exceção de pré-executividade, qual seja, de que há admissão do instituto em casos de vícios cuja evidência observa-se de plano: "311207 – JCPC.745 EXECUÇÃO FISCAL – 'EXCEÇÃO DE PRÉ-EXECUTIVIDADE' OU 'OPOSIÇÃO PRÉ-PROCESSUAL' – CABIMENTO – 1. A 'exceção de pré-executividade' ou 'oposição pré-processual', tem sido admitida, excepcionalmente, pela doutrina e jurisprudência, em casos de vícios do título cuja evidência observa-se de plano, e sem exigir-se dilação probatória ou maiores reflexões sobre o questionamento jurídico da matéria. Trata-se de iniciativa que visa proteger o Executado de situação à qual não se submeteria se o vício do título não se observasse. 2. A discussão em torno do tema se é devida ou não a TR/TRD na composição do débito exigido, importa em análise jurídica aprofundada, implicando na própria definição do montante devido, a qual, aliás, encontra expressa previsão como uma das questões a viabilizarem a oposição de Embargos, consoante previsto no art. 74, V, c/c o art. 745, ambos do CPC. 3. Improvimento do Agravo. Decisão confirmada.'" (TRF 1ª R. – AI 95.01.00448-1 – GO – 4ª T. – Rel. Juiz Conv. Alexandre Vidigal – DJU 30.04.1999 – p. 625).

Aliás, considerando-se o projeto que antecedeu esta pesquisa, aqui encontra-se o verdadeiro âmago da investigação. O que vem a ser a exceção de pré-executividade? Quais são as suas origens? Como surgiu no ordenamento jurídico? O que dizem os autores que têm escrito sobre o tema? É cabível a exceção de pré-executividade no processo civil? E no processo do trabalho? Se Pontes de Miranda foi o pai do instituto, examina-se também o entendimento daqueles que são contrários à tese, como por exemplo, Alcides de Mendonça Lima.

Assim, traçar-se-á uma idéia geral do histórico e origens da exceção de pré-executividade, a partir de um caso concreto que foi objeto do parecer de Pontes de Miranda. Examina-se ainda, o conceito do instituto, ciente de que este surgiu do estudo dos diversos autores ao longo de aproximadamente três décadas, uma vez que não há previsão ou conceituação legal.

Se a natureza jurídica dos embargos à execução é de ação, qual é a natureza jurídica da exceção de pré-executividade?

Verifica-se também o problema da oportunidade de exercício, considerando-se que o aspecto basilar é a desnecessidade de segurança do juízo. Quem é a parte legítima para opor a exceção de pré-executividade, qual a forma de apresentação no processo e qual ou quais são as matérias argüíveis, também serão objeto de análise.

Finalmente, no que diz respeito à atuação do juiz, como ele deve proceder quando ocorre o fenômeno em um caso concreto? Há custas? Há recurso? Passa-se a examinar.

6.2. Breve histórico doutrinário

A origem do instituto da "Exceção de Pré-Executividade" é o famoso Parecer nº 95, de Pontes de Miranda, examinando um caso concreto sobre pedidos de decretação de falência baseados em títulos falsos, e de ação executiva em que a falsidade dos títulos afastou tratar-se de dívida certa. Na década de sessenta, foi pedida, em Belo Horizonte, a decretação da falência da Companhia Siderúrgica Mannesmann. No então estado da Guanabara, foi feito o mesmo pedido, havendo o Juízo se julgado incompetente. Assim, houve transferência dos autos para Belo Horizonte. No prazo de vinte e quatro horas, fixado pelo artigo 299 do Código de Processo Civil vigente à época, a Companhia Siderúrgica Mannesmann requereu a decretação da nulidade da execução, com o argumento de serem falsos os títulos. Os pedidos de decretação de falência foram indeferidos, com fundamento de que efetivamente os títulos eram falsos.

É de ressaltar que estudos mais remotos dão conta de que já houve previsão legal acerca do que hoje se conhece por exceção de pré-executividade. O Decreto nº 848, de 11 de outubro de 1890, que organizou a Justiça Federal, estabeleceu, para o processo de execução fiscal, o seguinte:

"(...) comparecendo o réu para se defender antes de feita a penhora, não será ouvido sem primeiro segurar o juízo, salvo se exibir documento autêntico de pagamento da dívida ou anulação desta...A matéria de defesa, estabelecida a identidade do réu, consistirá na prova da quitação, nulidade do feito e prescrição da dívida."

Mais adiante, o Decreto nº 5.225, de 31 de dezembro de 1932, do Estado do Rio Grande do Sul, instituiu a "exceção de impropriedade do meio executivo".[106]

A circunstância fundamental é que, não havendo título executivo líquido, certo e exigível, é possível

---

[106] Ver Alberto Camiña Moreira. *Defesa sem embargos do executado – Exceção de pré-executividade.* Saraiva, p. 22.

postular a nulidade da execução.[107] Assim dispõe o Código de Processo Civil, nos artigos 583[108] e 586.[109] Desnecessário registrar que a discussão é centrada apenas nos títulos executivos extrajudiciais (artigo 585 do Código de Processo Civil). A ação executiva exige título executivo, seja sentencial (judicial), seja documental (extrajudicial). Nesse sentido, no dizer de Pontes de Miranda,[110] se alguém propõe ação executiva por dívida garantida por alguma caução judicial, ou hipoteca, a alegação de falsidade ou insuficiência do título há de ser julgada antes de qualquer eficácia de penhora, porque não se refere à executividade. Com efeito, o direito pré-processual é que diz se o título extrajudicial é título executivo ou não. Destarte, não há necessidade de regulamentação legal da exceção de pré-executividade, porque não há execução.

No parecer, Pontes de Miranda apresenta o seguinte entendimento:

a) não pode ser considerado "título líquido e certo", com o objetivo de ajuizar ação executiva, título indevidamente emitido em nome do pretenso devedor, se nele há falsa assinatura de um dos diretores e existe exigência estatutária acerca da necessidade da assinatura de dois diretores;

---

[107] Nesse sentido, o entendimento do STJ: "310848 – JCPC.616 - EXECUÇÃO POR TÍTULO JUDICIAL – EXCEÇÃO DE PRÉ-EXECUTIVIDADE – FALTA DE LIQUIDEZ, CERTEZA E EXIGIBILIDADE DO TÍTULO – 1. Não ofende a nenhuma regra do Código de Processo Civil o oferecimento da exceção de pré-executividade para postular a nulidade da execução (art. 618 do Código de Processo Civil), independentemente dos embargos de devedor. 2. Considerando o Tribunal de origem que o título não é líquido, certo e exigível, malgrado ter o exeqüente apresentado os documentos que considerou aptos, não tem cabimento a invocação do art. 616 do Código de Processo Civil. 3. Recurso especial não conhecido." (STJ – Resp 160.107 – ES – 3ª T. – Rel. Min. Carlos Alberto Menezes Direito – DJU 03.05.1999 – p. 145).

[108] Toda execução tem por base título executivo judicial ou extrajudicial.

[109] A execução para cobrança de crédito fundar-se-á sempre em título líquido, certo e exigível.

[110] Francisco Cavalcanti Pontes de Miranda. *Parecer nº 95 – Dez anos de pareceres.*

b) assim, no prazo determinado pela lei, para que o devedor efetue o pagamento ou garanta o juízo, o pretenso devedor pode alegar a falsidade do título independentemente do oferecimento de bens à penhora, desde que comprove a sua alegação;

c) na medida em que a alegação importa em oposição de exceção pré-processual ou processual, o juiz tem de examinar a espécie e o caso, para não cometer a arbitrariedade de penhorar bens de quem não está exposto à ação executiva;

d) comprovada a falsidade do título, o juiz pode e deve indeferir *in limine* o pedido de execução.

Por outro lado, é importante destacar a posição do principal opositor da idéia de Pontes de Miranda: Alcides de Mendonça Lima.[111] O entendimento do ilustre processualista também decorre de uma solicitação de parecer que discutia a exigibilidade de títulos executivos extrajudiciais (notas promissórias). Todavia, a discussão cinge-se ao despacho que determina a citação inicial na ação de execução ser ou não atacável por agravo, e à necessidade de constrição para ensejar o agravo. Não é exatamente o caso discutido no parecer de Pontes de Miranda, mas, a rigor, centraliza-se no ponto fundamental: a existência ou não de título executivo extrajudicial válido e a forma de defesa do executado. A posição de Mendonça Lima parece legal. Seu entendimento é de que a única via de defesa do executado é o ajuizamento de embargos (a partir da garantia do juízo), na medida em que não existe o contraditório no processo de execução, salvo os próprios embargos. Também sustenta Mendonça Lima que não existe no direito brasileiro previsão legal para a exceção de pré-executividade. Por fim, a discussão de mérito, ou seja, a própria discussão acerca

---

[111] "Ação Executiva – Necessidade da penhora para discutir a exigibilidade dos títulos", *in Processo de Conhecimento e Processo de Execução.*

da validade do pretenso título, só é possível mediante o oferecimento de embargos à execução.

Para a maioria dos autores nacionais, a exceção de pré-executividade é cabível. Para Alberto Camiña Moreira, "a exceção de pré-executividade tem natureza de incidente, agiliza o procedimento executivo e insere-se nas atitudes comprometidas com a efetividade do processo".[112] No dizer de Marcos Valls Feu Rosa, "a exceção de pré-executividade pode e deve ser argüida em qualquer tempo e grau de jurisdição, pois somente execuções regulares podem subsistir no mundo jurídico, não podendo ser praticados atos executivos em execuções que não obedeçam o devido processo legal".[113] Galeno Lacerda defende a idéia, com a seguinte posição: "ora, se o direito resultante do título extrajudicial é atacado nos pressupostos da própria executividade, com argumentos sérios e idôneos, despe-se de qualquer sentido lógico ou jurídico, para o conhecimento e decisão dessa matéria, a exigência de prévia 'segurança de um juízo' que não houve".[114] Também defende a posição o jurista gaúcho Luiz Edmundo Appel Bojunga, em artigo denominado "A exceção de pré-executividade":

"(...) assim, a alegação de nulidade, vícios pré-processuais e processuais que tornam ineficaz o título executivo, judicial ou extrajudicial, devem ser suscitados através da exceção de pré-executividade, antes mesmo ou após a citação do executado".[115]

Araken de Assis reconhece a exceção de pré-executividade, quando diz que "esta modalidade excepcional

---

[112] Alberto Camiña Moreira. *Defesa sem embargos do executado – exceção de pré-executividade.*

[113] Marcos Valls Feu Rosa. *Exceção de Pré-executividade – matérias de ordem pública no processo de execução.*

[114] Galeno de Lacerda. "Execução de título extrajudicial e segurança do juízo". *In Revista AJURIS 23/7.*

[115] Luiz Edmundo Appel Bojunga. "Exceção de Pré-Executividade". *In Revista AJURIS.*

de oposição do executado, controvertendo pressupostos do processo e da pretensão a executado, se designa de exceção de pré-executividade".[116]

6.3. Denominação e conceito

O tema vem sendo estudado há mais de três décadas e, neste período, alguns autores já deixaram a sua marca, ao tentar denominar e conceituar o instituto da exceção de pré-executividade.

Apesar da denominação mais comum, não se trata de exceção. As exceções estão descritas no Código de Processo Civil, nos artigos 304 a 306. O termo surgiu nos estudos de Pontes de Miranda, sob a égide do Código de Processo Civil de 1939 e, conforme ensina Marcos Valls Feu Rosa, "àquela época, a expressão 'exceção' abrangia toda e qualquer defesa do réu".[117] Rosa também não concorda com a expressão "pré-executividade". No seu entendimento, a denominação diria respeito apenas à fase anterior à citação inicial.[118] Portanto, a denominada exceção não seria nem "exceção", nem "pré" e nem "executividade". Todavia, embora entenda a denominação como tecnicamente indevida, diz o autor, que "na prática ela já ganha corpo e forma, tornando-se de uso comum pelos operários do direito, o que vem colaborando para a sua difusão no mundo forense. De questionável vantagem seria a mudança de nome".[119]

Para Nelson Nery Junior, a denominação mais correta seria "objeção", por conter matéria de ordem pública, decretável de ofício.[120] No entendimento de Alberto

---

[116] Araken de Assis. *Manual do Processo de Execução.*

[117] Ob. cit., p. 94.

[118] Ob. cit., p. 95.

[119] Ob. cit., p. 96.

[120] Ver *Código de Processo Civil Comentado.* 2ª ed. RT, p. 131.

Camiña Moreira, o termo "exceção de pré-executividade" está bem empregado, já que, "exceção na prática é a alegação articulada pelo réu".[121] Sergio Pinto Martins discorda do termo "exceção", por entender que este diz respeito a impedimento, suspeição ou incompetência, e não a outras hipóteses. O termo "oposição" seria incorreto, por se tratar de modalidade de intervenção de terceiros.[122]

Entende-se que "oposição de executividade" seria a denominação mais correta, já que se trata de uma forma de o executado manifestar a sua inconformidade com a execução, por entender que o título contém vícios que o maculam. Afasta-se a expressão "pré", por entender que, já tendo sido citado o executado não há mais "pré-execução", mas "execução".

Quanto ao conceito, não é tarefa fácil. Mais difícil ainda se torna, quando não há previsão legal do instituto que se pretende definir.

A sugestão de definição do instituto, para Rosa, seria a seguinte:

"(...) objeção executiva para a argüição da ausência dos requisitos da execução, por ter esta (a argüição) natureza jurídica de objeção (conforme se verá no item seguinte), e por trazer a expressão 'executiva', em si, a idéia daquilo 'que faz cumprir a lei', além da lembrança do processo de execução. Teríamos, então, uma objeção que faria cumprir a lei, ou seja, que impediria o início ou o prosseguimento de uma execução que não atende a todos os requisitos exigidos por lei para tanto".[123]

Outro autor que procura definir o instituto é Luiz Peixoto de Siqueira Filho:

---

[121] Esta posição é destacada quando o autor trata da questão terminológica, em *Defesa sem embargos do executado – exceção de pré-executividade*, Saraiva, p. 33.

[122] Ver *Direito Processual do Trabalho*. 14ª edição, Atlas, p. 592.

[123] Ob. cit., p. 97.

"(...) argüição de nulidade feita pelo devedor, terceiro interessado, ou credor, independente de forma, em qualquer tempo ou grau de jurisdição, referente aos requisitos da execução, que suspende o curso do processo até o seu julgamento, mediante procedimento próprio, e que visa à desconstituição da relação jurídica processual executiva e conseqüente sustação dos atos de constrição material".[124]

O gaúcho João Lacê Kuhn diz que "a exceção de pré-executividade nada mais é do que a defesa direta – em atenção ao sagrado direito de defesa – do executado no processo de execução que não obedece aos requisitos legais exigidos por lei, independente dos embargos e sem garantia do juízo."[125]

Araken de Assis ensina que:

"(...) esta modalidade excepcional de oposição do executado, controvertendo pressupostos do processo e da pretensão a executado, se designa de exceção de pré-executividade. O elemento comum é a iniciativa de conhecimento da matéria, que toca ao juiz, originariamente, cabendo ao devedor suprir sua ocasional inércia. Exemplo de exceção desta natureza se depara na alegação do executado de que o exeqüente se despiu da legitimidade ativa cedendo o crédito a outrem antes da demanda."[126]

Concorda-se com o mestre gaúcho. Trata-se de oposição do executado, em face da inércia do juiz, alegando que inexistem a liquidez, a certeza e a exigibilidade do título e, portanto, não deve prosseguir a execução.

---

[124] Luiz Peixoto Siqueira Filho. *Exceção de Pré-Executividade*. Lumen Juris. p. 87.

[125] João Lacê Kuhn. *O princípio do contraditório no Processo de Execução*, Livraria do Advogado, 1998, p. 122.

[126] Ob. cit., p. 428.

6.4. Natureza jurídica

O Código de Processo Civil define as exceções no artigo 304. Poderão ser peremptórias[127] ou dilatórias.[128] No Código de Processo Civil, as exceções estão previstas no artigo 304, que dispõe: "É lícito a qualquer das partes argüir, por meio de exceção, a incompetência, o impedimento ou a suspeição.". A incompetência se dá em razão da matéria ou do lugar. O impedimento é causa objetiva para o não exercício da função jurisdicional pelo juiz, e está previsto no artigo 134 do Código de Processo Civil. A suspeição é causa subjetiva para não exercício da função jurisdicional e está prevista no artigo 135 do diploma processual.

No dizer de Valentin Carrion:

"(...) exceções, em sentido amplíssimo, são todos os meios de defesa quanto ao mérito ou ao processo que o réu pode opor. Em sentido menos amplo, são os meios de defesa indireta, processual, de rito ou preliminares ao mérito, como às vezes são chamadas; o réu não ataca a matéria de mérito, mas ataca o processo. Em sentido restrito e próprio, exceções são somente as processuais que devem ser argüidas pelo réu, não podendo o juiz conhecê-las de ofício".[129] [130]

---

[127] Ver Valentin Carrion. *Comentários à Consolidação das Leis do Trabalho*: Exceções peremptórias são aquelas por meio das quais se perime a ação do autor. Com elas visa-se a trancar o processo: a) falta de condições da ação; b) coisa julgada; c) Litispendência; d) outras nulidades insanáveis argüidas pelo réu.

[128] Ob. cit.: Excepções dilatórias são as que adiam o conhecimento e julgamento do feito até a sua regularização. São as de incompetência, suspeição, impedimento e irregularidade de representação do procurador. A incompetência decretada na Justiça do Trabalho em favor de outra jurisdição (comum, federal, etc.), geralmente é peremptória.

[129] Ver Valentin Carrion. *Comentários à Consolidação das Leis do Trabalho*. Saraiva, p. 588.

[130] Nesse sentido, o STJ: "16008433 – PROCESSO CIVIL – EXECUÇÃO – EXCEÇÃO DE PRÉ-EXECUTIVIDADE – PRESSUPOSTO – INOCORRÊNCIA

Estas breves palavras acerca das exceções têm o objetivo de discutir a natureza jurídica do instituto núcleo do presente trabalho, que tem a denominação doutrinária e jurisprudencial de "exceção", mas que não se enquadra na definição legal de exceção.

No dizer de Barbosa Moreira, "somente três preliminares podem ser suscitadas mediante exceção: incompetência relativa, impedimento e suspeição".[131] Segue o citado mestre, dizendo que "no sistema vigente, é impróprio o uso do vocábulo 'exceção' para designar as preliminares de litispendência, de coisa julgada, de incompetência absoluta.[132]

O Código de Processo Civil estabelece que as espécies de respostas são a contestação, a reconvenção e a exceção. A única cabível no processo de execução é a exceção. Entende-se que a exceção de pré-executividade não se trata de ação, pois trata de matérias que o juiz conhece de ofício. Ela é uma peça apresentada pelo réu (executado), decorrente e acessória ao pedido de execução feito pelo autor (exeqüente). Também não se trata de contestação, na medida em que não exige os requisitos processuais daquela, além de ser restrita à execução, onde não é cabível a contestação.

É, portanto, um meio de defesa do executado, onde se discute especificamente matéria de ordem pública, já que trata da ausência dos pressupostos e requisitos da execução.

Pontes de Miranda,[133] no seu já citado parecer, defendia a tese de que a natureza jurídica da exceção de

---

NA ESPÉCIE – PRESCRIÇÃO – RECURSO DESACOLHIDO – A exceção de pré-executividade, admitida em nosso direito por construção doutrinário-jurisprudencial, somente se dá, em princípio, nos casos em que o juízo, de ofício, pode conhecer da matéria, a exemplo do que se verifica a propósito da higidez do título executivo." (STJ – REsp 157018 – RS – 4ª T. – Rel. Min Ruy Rosado de Aguiar – DJU – 12.04.1999 – p. 158).

[131] José Carlos Barbosa Moreira. *Novo Processo Civil Brasileiro*. Forense, p. 50.

[132] Ob. cit., p. 50.

[133] Francisco Cavalcanti Pontes de Miranda. *Dez anos de Pareceres*.

pré-executividade é de exceção. Não se pode olvidar, contudo, que o referido parecer foi escrito na vigência do Código de Processo Civil de 1939 e, na sistemática daquele diploma, todas as defesas do réu que não dissessem respeito diretamente ao mérito da causa, eram denominadas de "exceção".

Hoje, ainda que a doutrina e a jurisprudência tenham consagrado a denominação "exceção de pré-executividade", é certo que, à luz da sistemática processual vigente, o instituto não é uma exceção. Utiliza-se, também na doutrina, a denominação de objeção.[134] Com efeito, as objeções são as alegações das partes no processo, a respeito de matéria sobre a qual o juiz poderá, de ofício, se manifestar. Sendo as matérias relativas à exceção de pré-executividade de ordem pública, poderá o juiz se manifestar sobre as mesmas de ofício. Assim, a natureza jurídica da exceção de pré-executividade seria de objeção. Registre-se, ainda, que mesmo não havendo previsão legal para a argüição das matérias examinadas sem a segurança do juízo, o sistema processual vigente aceita a exceção de pré-executividade, dando ao instituto claro enfoque incidental.[135]

Entende-se, portanto, ao analisar a posição dos diversos autores que têm estudado o tema, que se trata de uma peça defensiva e incidente, em regra apresentada pelo executado, que pretende demonstrar ao juiz a inexistência dos requisitos da pretensão executiva, sem que haja constrição dos seus bens. É certo, contudo, que esta demonstração deve ser inequívoca e clara, sob pena de ser determinada a penhora, e a matéria ser examinada apenas e tão-somente nos embargos do devedor.

---

[134] Ver Luiz Peixoto de Siqueira Filho. *Exceção de Pré-Executividade.* Lumen Juris, p. 83, e Marcos Valls Feu Rosa. *Exceção de Pré-Executividade – matérias de ordem pública no processo de execução.* Fabris, p. 97.

[135] Nesse sentido, Alberto Camiña Moreira. *Defesa sem embargos do executado – Exceção de Pré-Executividade.* Saraiva, 1998, p. 37.

6.5. Oportunidade

Para Pontes de Miranda,[136] a oportunidade de apresentar a exceção de pré-executividade era de três dias, a partir da citação do executado. Ocorre que este era o prazo fixado pelo Código de Processo Civil de 1939 para a oposição de exceções.

Já Galeno Lacerda, examinando o Parecer de Pontes de Miranda, interpreta-o no sentido de que "parece condicionar o uso da exceção de pré-executividade ao curto prazo de vinte e quatro horas entre a citação e a nomeação de bens à penhora".[137] A doutrina não é pacífica. A verdade é que, sendo a exceção de pré-executividade um instituto nascido a partir de estudos doutrinários, e não previsto em nosso ordenamento jurídico, não há falar em prazo específico para a oportunidade do seu exercício. É certo, contudo, que o executado não poderá permanecer silente indefinidamente e, a respeito disso, há previsão expressa no Código de Processo Civil, aplicável ao caso:

"Art. 267. Extingue-se o processo, sem julgamento do mérito: ... IV – quando se verificar a ausência de pressupostos de constituição e de desenvolvimento válido e regular do processo; V – quando o juiz acolher a alegação de perempção, litispendência ou de coisa julgada; VI – quando não concorrer qualquer das condições da ação, como a possibilidade jurídica, a legitimidade das partes e o interesse processual; ... § 3º. O juiz conhecerá de ofício, em qualquer tempo e grau de jurisdição, enquanto não proferida a sentença de mérito, da matéria constante dos ns. IV, V e VI; todavia, o réu que a não alegar,

---

[136] Francisco Cavalcanti Pontes de Miranda. *Dez Anos de Pareceres – Parecer nº 95.*

[137] Galeno Lacerda. "Execução de Título Judicial e Segurança do Juízo", *in Revista da AJURIS nº 23/14.*

na primeira oportunidade em que lhe caiba falar nos autos, responderá pelas custas de retardamento." Tem-se, pois que, apesar de não haver previsão legal para a exceção de pré-executividade e, conseqüentemente, para a oportunidade de exercê-la, há entendimentos de que o momento da oposição é de, na primeira oportunidade que a parte tiver de falar nos autos, argüi-la. Não nos parece ser este o caso, na medida em que se discutem matérias que o juiz poderia conhecer de ofício. Assim, entende-se admissível a oposição da exceção de pré-executividade em qualquer momento,[138] e enquanto não realizada a penhora.[139] Registre-se, contudo, haver entendimento de que, mesmo após a penhora, é possível opor a exceção de pré-executividade, mormente em casos onde a ausência ou a nulidade do título executivo é gritante.

6.6. Legitimidade

Quem tem legitimidade para argüir a exceção de pré-executividade? Da mesma forma que não há prazo especial para argüi-la, não há definição de quem seria

---

[138] Assim tem entendido o STJ: "16020584 – EXECUÇÃO – EXCEÇÃO DE PRÉ-EXECUTIVIDADE – A defesa que nega a executividade do título apresentado pode ser formulada nos próprios autos do processo de execução e independe do prazo fixado para os embargos de devedor. Precedentes. Recurso conhecido em parte e parcialmente provido." (STJ – REsp 220100 – RJ – 4ª T. – Rel. Min. Ruy Rosado de Aguiar – DJU 25.10.1999 – p. 93).

[139] Nesse sentido, decisão do Tribunal de Justiça do Rio Grande do Sul: "27015232 – EXCEÇÃO DE PRÉ-EXECUTIVIDADE – Enquanto forma de reação do executado à execução, a exceção se faz adequada para apontar ausência de pressupostos processuais ou condições da ação que afastem a possibilidade de desenvolvimento do processo de execução, fazendo-se pertinente antes de efetuada a penhora. Se a matéria pode ser deduzida em embargos e não enseja a nulidade da execução, não prospera a impugnação em termos de exceção de pré-executividade sob pena de descaracterizar o processo de execução, motivo pelo qual deve ser rejeitada a medida. Agravo improvido" (TJRS – AC 598523785 – RS – 16ª C. Cív. – Rel. Des. Genaceia da Silva Alberton – J. 26.05.1999).

parte legítima para tal. Isto porque o instituto não está previsto na processualística vigente. Em tese, a parte legítima para argüir exceção de pré-executividade seria o executado, pois é este o interessado em demonstrar ao juiz que não há título executivo ou que o título apresentado é nulo e, portanto, não há necessidade de constrição dos seus bens para discutir a pretensa execução.[140] Veja-se que não se está a tratar do devedor, mas sim do executado. Isto porque nem sempre o executado é o devedor ou pretenso devedor. Pode haver um equívoco do exeqüente, ou mesmo do cartório ou secretaria da vara judicial comum ou trabalhista.

Em qualquer hipótese, o citado para a execução poderá argüir a ausência dos requisitos para a execução.

Marcos Valls Feu Rosa entende que "da mesma forma poderia o autor argüir a ausência dos requisitos da execução proposta, pondo fim à mesma, pois a execução nula não lhe traz vantagem final, não havendo qualquer interesse no seu prosseguimento".[141] Ainda assim, esta situação é rara, até porque, o exeqüente em regra deve avaliar com cuidado o título que possui, para só então, ajuizar a ação de execução. Se já ajuizada a ação, o exeqüente deve desistir da execução.

Os terceiros atingidos pela execução também teriam legitimidade para opor a exceção de pré-executividade.[142] Como bem demonstra Rosa, "não se trata de

---

[140] Assim decidiu o Tribunal de Justiça do Rio Grande do Sul: "27001165 – AGRAVO DE INSTRUMENTO – Exceção de pré-executividade. Somente aquele que é parte legítima passiva na ação executiva tem legitimidade para opor, incidentalmente, a questão da pré-executividade do título exeqüendo. Decisão mantida. Liminar revogada. Agravo improvido." (TJRS – AI 598602001 – RS – 2ª C. Cív. Fér. – Rel. Des. Ana Maria Nedel Scalzilli – j. 09.03.1999).

[141] Ver ob. cit., p. 48.

[142] Assim já decidiu do Tribunal de Justiça do Rio Grande do Sul: "27015543 – PROCESSO DE EXECUÇÃO – EXCEÇÃO DE PRÉ-EXECUTIVIDADE – CONDIÇÃO DA AÇÃO – ILEGITIMIDADE PASSIVA – Restando demonstrada documentalmente a incidência do art. 1503, inc. I, do CC, não há por que exigir-se o ajuizamento de embargos e a penhora de bens para reconhe-

intervenção de terceiros, mas apenas de um aviso ao juiz, de que a execução não pode prosseguir, eis que ausentes os requisitos da mesma.[143] A discussão sobre a legitimidade para a oposição da exceção de pré-executividade é irrelevante do ponto de vista da análise aqui pretendida. Foi trazida à baila apenas para reiterar a circunstância de que, não havendo previsão legal para a matéria, o interesse jurídico é o limite do seu exercício.

6.7. Forma

A notícia que se dá ao juiz acerca da inexistência ou nulidade da execução independe de forma específica, embora deva ser realizada por escrito. Conforme examinado nos itens anteriores, não há previsão legal para a oposição da exceção de pré-executividade. Assim, a lei também não obriga que a utilização desta sistemática pré-processual contenha forma específica. A doutrina defende a argüição por simples petição.[144] Neste mesmo sentido, o Superior Tribunal de Justiça.[145]

---

cer a ilegitimidade passiva dos agravantes. Agravo provido." (*TJRS – AI 599210556 – RS – 9ª C. Cív. – Rel. Des. Rejane Maria Dias de Castro Bins – j. 26.05.1999*).
A propósito, eis o texto do Código Civil:
"Art. 1503. O fiador, ainda que solidário com o principal devedor (arts. 1.492 e 1.493), ficará desobrigado:
I – se, sem consentimento seu, o credor conceder moratória ao devedor; ...
[143] Ob. cit., p. 48.
[144] Ver Luiz Peixoto de Siqueira Filho. Ob. cit., p. 67, e Marcos Valls Feu Rosa. Ob. cit., p. 51.
[145] 311186 – JCPC.618 "EXECUÇÃO – FALTA DE LIQUIDEZ – NULIDADE – PRÉ-EXECUTIVIDADE – 1. Admite-se a exceção, de maneira que é lícito argüir de nula a execução, por simples petição. A saber, pode a parte alegar a nulidade, independentemente de embargos, por exemplo. 'Admissível, como condição de pré-executividade, o exame da liquidez, certeza e exigibilidade do Título a viabilizar o processo de execução.' (Resp 124.364, DJ de 26.10.1998). 2. Mas não afeta a permanência e correção monetária, utilização de determinado modelo de correção. Trata-se de matérias próprias dos arts.

Discorda-se da posição de Rosa, de que a "exceção de pré-executividade" pode ser argüida em audiência, simplesmente porque não há audiência no processo de execução.[146] A audiência, se ocorrer, o será no processo de embargos do devedor e, neste momento, já é inócua a oposição executiva. Assim como o artigo 599 do Código de Processo Civil dispõe que o juiz pode, em qualquer momento do processo, ordenar o comparecimento das partes, a Consolidação das Leis do Trabalho aponta, no artigo 884, § 2º, a mesma situação:

"Art. 884. Garantida a execução ou penhorados os bens, terá o executado cinco dias para apresentar embargos, cabendo igual prazo ao exeqüente para impugnação. ... § 2º. Se na defesa tiverem sido arroladas testemunhas, poderá o juiz ou o presidente do tribunal, caso julgue necessários seus depoimentos, marcar audiência para a produção de provas, a qual deverá realizar-se dentro de cinco dias."

É certo, portanto, que não há exigência de forma específica para a oposição da exceção de pré-executividade. Deve-se registrar, contudo, o fato de não concordar-se com Rosa, quando este afirma que a exceção de pré-executividade poderá ser oposta também extrajudicialmente.[147] Ainda que o processo seja instrumento de busca da verdade real, o que dele não consta não está no mundo, sendo mesmo inviável exigir a extinção da execução sem qualquer manifestação nos autos. Mesmo que haja um contato verbal com o juiz, ao argüir a

---

741 e 745 do CPC. 3. Podendo validamente opor-se à execução por meio de embargos, não é lícito que se utilize a exceção. 4. Caso em que na origem se impunha, 'para melhor discussão da dívida ou do título, a oposição de embargos, uma vez seguro o juízo da execução'. Inocorrência de afronta ao art. 618, I, do CPC. Dissídio não configurado. 5. Recurso especial não conhecido." (STJ – Resp 187.195 – RJ – 3ª T. – Rel. Min. Nilson Naves – DJU 17.05.1999 – p. 202).

[146] Ob. cit., p. 51.

[147] Idem, ibidem.

inexistência ou nulidade da execução, a parte interessada deverá peticionar, alegando e provando a referida inexistência ou nulidade.

6.8. Matérias argüíveis e efeitos

Quando se falar em exceção ou oposição de pré-executividade, se está a discutir não o mérito da execução, mas sim, a instrumentalidade da mesma, ou seja, a sua própria existência ou possibilidade jurídica. Assim, fazendo analogia à contestação, cuida-se de questões preliminares, eis que processuais ou pré-processuais. Na medida em que tais matérias são de ordem pública, podem ser examinadas de ofício pelo juiz. Mas não se discutem apenas normas processuais ou pré-processuais e, conseqüentemente de ordem pública. No processo do trabalho, por exemplo, como se verificará no capítulo seguinte, é possível argüir a prescrição da dívida na execução.[148] Com efeito, a prescrição no Direito e no Processo do Trabalho é matéria de mérito, que deve ser argüida pelo réu (executado), sob pena de não ser reconhecida, já que, sendo mérito, não pode ser dada de ofício pelo juiz. Se a prescrição da dívida pode ser examinada em sede de embargos à execução, haverá momentos em que poderá ser argüida na exceção de pré-executividade.[149]

Ainda que, em geral, os autores apresentem a matéria de forma um tanto genérica, parece que a idéia

---

[148] Ver Consolidação das Leis do Trabalho, art. 884, § 1º: "Art. 884. Garantida a dívida ou penhorados os bens, terá o executado cinco dias para apresentar embargos, cabendo igual prazo ao exeqüente para impugnação. § 1º. A matéria de defesa será restrita às alegações de cumprimento da decisão ou do acordo, quitação ou prescrição da dívida. ..."

[149] Ver capítulo que trata da exceção de pré-executividade no processo do trabalho.

central da oposição do instituto é demonstrar ao juiz que não há execução ou que ela é nula.[150] Na lição de Teixeira Filho, "a exceção de pré-executividade só deverá ser aceita quando calcada em prova documental previamente constituída, à semelhança do que se passa em tema de ação de segurança, e desde que não exija, para apreciação da matéria, investigações em altas esferas".[151] Se a matéria a ser argüida na exceção de pré-executividade é tão cristalina, ela pode e deve ser examinada de ofício pelo juiz (com a exceção da prescrição no processo do trabalho, que será tema de discussão no capítulo próprio). O fato é que o volume de trabalho faz com que, muitas vezes, o juiz não vislumbre a inexistência de título executivo certo, líquido e exigível.[152] Quando isto ocorre, cabe à parte interessada – exeqüente, executado ou terceiro – demonstrar ao juiz que não estão presentes os requisitos da execução, e que a pretensa execução deve ser extinta.

É indiscutível, na doutrina, que não se examina matéria de mérito em exceção de pré-executividade.[153] A discussão de mérito acerca da execução deve ficar adstrita aos embargos e, para tanto, segundo previsão legal, deve haver segurança do juízo.

Quanto aos efeitos produzidos a partir da oposição da exceção de pré-executividade, tem-se que esta sus-

---

[150] Nesse sentido, o entendimento do STJ: "16014861 – JCPC.741 – EXECUÇÃO – FALTA DE LIQUIDEZ – NULIDADE (PRÉ-EXECUTIVIDADE) – 1. Admite-se a exceção, de maneira que é lícito argüir de nula a execução, por simples petição. A saber, pode a parte alegar a nulidade, independentemente de embargos, por exemplo 'admissível, como condição de pré-executividade, o exame da liquidez, certeza e exigibilidade do título a viabilizar o processo de execução'." (STJ - REsp 124.364, DJU 26.10.1998 – RJ – 3ª T. – Rel. Min. Nilson Naves)

[151] Ver Manoel Antônio Teixeira Filho. *Execução no Processo do Trabalho*. 6ª ed., LTr, p. 570.

[152] Neste particular, o entendimento de Araken de Assis. *Manual do Processo de Execução*, Vol. I, p. 344.

[153] Ver capítulo relativo à exceção de pré-executividade no processo do trabalho.

pende o curso da execução[154] por ato do juiz, diferentemente dos embargos do devedor, que suspendem a execução *ex lege*.

Não seria razoável entender de forma diversa. Seja oposição, seja exceção, mas, em qualquer hipótese, se está a tratar de uma situação jurídica de pré-execução. Quando se discutem os requisitos da execução, comprovando de forma inequívoca que não há execução ou que ela é nula, não se pode imaginar efeito diverso da suspensão da pretensa execução. A certeza da suspensão decorre da regra prevista no artigo 618, inciso I, do Código de Processo Civil, que determina ser nula a execução, se o título não for líquido, certo e exigível.[155]

---

[154] Em que pese não haver unanimidade na jurisprudência quanto à suspensão ou não da execução, grande parte das decisões são neste sentido. Aqui juntam-se duas decisões do Tribunal de Justiça do Rio Grande do Sul: "27012286 – AGRAVO DE INSTRUMENTO – PROCESSO CIVIL – EXCEÇÃO DE PRÉ-EXECUTIVIDADE – SENDO RAZOÁVEL A TESE SUSTENTADA PELA DEVEDORA, SUSPENDE-SE O ANDAMENTO DA EXECUÇÃO ATÉ O JULGAMENTO DO INCIDENTE – Agravo provido." (*TJRS – AI 598455939 – RS – 9ª C. Cív. – Rel. Des. Tupinambá Pinto de Azevedo – j. 23.03.1999)* "27010263 – AGRAVO DE INSTRUMENTO – EXCEÇÃO DE PRÉ-EXECUTIVIDADE – SUSPENSÃO DA EXECUÇÃO – O recebimento da exceção de pré-executividade acarreta a suspensão do feito executivo. Agravo desprovido." (TJRS – AI 598399384 – RS – 7ª C. Cív. – Rel. Des. João Pedro Freire – j. 31.03.1999).

[155] Humberto Theodoro Junior ensina: "A certeza refere-se ao Órgão Judicial, e não às partes. Decorre, normalmente, da perfeição formal do título e da ausência de reservas à sua plena eficácia. A liquidez consiste no plus que se acrescenta à certeza da obrigação. Por ela demonstra-se que não somente se sabe que 'se deve', mas também 'quanto se deve' ou 'o que se deve'. Não são, porém, ilíquidos os títulos que, sem mencionar diretamente a quantia exata da dívida, indicam todos os elementos para apurá-la mediante simples operação aritmética em torno de dados do próprio documento. Destarte, a cláusula de juros, por exemplo, não retira a liquidez do título. A exigibilidade, finalmente, refere-se ao vencimento da dívida. 'Obrigação exigível é, portanto, a que está vencida', seja porque se alcançou o termo, seja porque se verificou a condição a cuja ocorrência a eficácia do negócio jurídico estava subordinada. É após o vencimento que o credor pode exigir o cumprimento da obrigação; e não sendo atendido, terá havido inadimplemento do devedor, que é o pressuposto prático ou substancial da execução forçada." (*Processo de Execução.* 14ª ed., Ed. Universitária de Direito, 1990, p. 136).

Ora, denota-se que o Código vai além. Determina a nulidade da execução em caso de inexistência dos requisitos previstos no artigo 586.[156] É claro que no momento processual de oposição da exceção de pré-executividade, o juiz ainda não tem os elementos de convicção da referida nulidade. Assim, o mais prudente é determinar a suspensão da execução, até que haja decisão do juiz acerca da existência ou da inexistência de execução e, neste caso, da nulidade da pretensão autora. No Processo de Execução argentino, também, não estando presentes os requisitos da execução, não há execução, podendo o juiz, de ofício, denegá-la.[157] Dentre os grandes processualistas nacionais, Araken de Assis defende a suspensão da execução na falta dos requisitos da mesma.[158] Entendimento contrário tem Cândido Rangel Dinamarco, que sustenta como grande diferença entre os embargos e a alegação incidental de inexistência de execução, o fato de que os primeiros a suspendem.[159]

Na medida em que se constrói uma argumentação e levantam-se hipóteses que levarão à defesa da exceção de pré-executividade (oposição pré-processual), não há como, por lógica conseqüência, deixar de entender que o seu exercício gera o efeito de suspender a pretensa execução.

6.9. Procedimento e ato praticado pelo Juiz

A exceção de pré-executividade deve ser oposta em petição breve, onde o oponente aponta ao juízo as razões

---

[156] Ver Código de Processo Civil, artigo 586: "A execução para cobrança de crédito fundar-se-á sempre em título líquido, certo e exigível."

[157] Neste sentido, Jorge Donato: "La ausencia de los requisitos intrínsecos de admisibilidad precedentemente analizados, como veremos en el próximo capítulo, autoriza el juez a denegar, de oficio, la ejecución." (*Juicio Ejecutivo.* 3ª ed., Editorial Universidad, 1997, p. 92)

[158] Ob. cit., p. 74.

[159] *Execução Civil.* 3ª ed. São Paulo: Malheiros, 1993.

pelas quais entende não haver execução ou ser nula a mesma. Em anexo à petição, deve estar juntada prova cabal e robusta, para que o juiz, ao examiná-la, possa suspender a pretensa execução.

Não há outro procedimento a ser considerado, até porque inexiste previsão legal para o instituto, e a peça é incidental. Já foi objeto deste estudo, inclusive, a forma da exceção de pré-executividade.[160]

No que diz respeito ao ato praticado pelo juiz, há que se dividi-lo em dois momentos: o primeiro momento é o da chegada da petição nas suas mãos. Anda bem Alberto Camiña Moreira,[161] quando diz que:

"(...) a ausência de previsão legal leva ao emprego da analogia e, assim, deve-se aplicar o disposto nos artigos 326 e 327 do Código de Processo Civil. Na medida em que o oponente está a alegar fato impeditivo, modificativo ou extintivo do direito do exeqüente, ou alguma das matérias arroladas no artigo 301 do Código de Processo Civil, ou ainda, a provar a inexistência de certeza, liquidez ou exigibilidade do título, argüindo a sua nulidade (artigo 618 do Código de Processo Civil), atento ao princípio da igualdade, o juiz deverá dar vista ao exeqüente, ainda que suspenda a execução".[162]

A analogia citada por Moreira e prevista nos artigos 326 e 327 do Código de Processo Civil concede dez dias para que o exeqüente se manifeste. Mas não é só.

---

[160] Ver 6.7.

[161] Ob. cit., p. 54.

[162] Neste sentido, Alberto Camiña Moreira: "O julgamento imediato, sem oitiva do exeqüente, em desprezo à bilateralidade da audiência, atenta contra o princípio da igualdade. No processo de conhecimento a oitiva do autor se faz imperativo legal e, por maioria de razão, deve ser efetivada no processo de execução, em que há, ou deve haver, título executivo com presunção de liquidez e certeza, sendo incabível o julgamento no estado, sem oitiva do exeqüente." (*Defesa sem Embargos do Executado – Exceção de Pré-Executividade*. Saraiva, 1998, p. 55).

Considerando que o oponente tenha juntado documentos, já que a exceção de pré-executividade exige prova robusta e inequívoca da inexistência ou nulidade da execução, e esta só pode ser feita de forma documental, aplica-se o artigo 398 do Código de Processo Civil: "Sempre que uma das partes requerer a juntada de documento aos autos, o juiz ouvirá, a seu respeito, a outra, no prazo de 5 (cinco) dias."

Assim, tem-se que a oitiva do exeqüente antes de qualquer decisão do juiz é imperativa.

O segundo momento do ato praticado pelo juiz diz respeito à circunstância de que este deve tomar uma decisão a respeito da exceção. Com efeito, acolhendo ou rejeitando a exceção, o juiz estará decidindo. Na primeira hipótese, ele proferirá sentença extinguindo a execução; na segunda hipótese, determinará o prosseguimento da execução por entender que os requisitos da mesma estão presentes, ou ainda, por achar necessária a produção de novas provas, com o que a constrição de bens do executado é necessária, para, ato contínuo, serem oferecidos embargos e aberta a instrução no sentido de serem produzidas as referidas provas.[163]

6.10. Custas e honorários advocatícios

Aplica-se o disposto no artigo 20, *caput*, e § 1º, do Código de Processo Civil:

"A sentença condenará o vencido a pagar ao vencedor as despesas que antecipou e os honorários ad-

---

[163] A propósito, veja-se decisão do Tribunal Regional Federal da 1ª Região: "311206 – JCPC.745 – EXCEÇÃO DE PRÉ-EXECUTIVIDADE – EMBARGOS DO DEVEDOR – 1. A exceção de pré-executividade, admitida pela praxe forense para os casos em que o título exeqüendo se apresente com defeitos substanciais de constituição, não constitui via adequada para a discussão de matéria própria dos embargos do devedor (art. 745 – CPC). 2. Improvimento do agravo de instrumento." (TRF 1ª R. – AI 1998.01.00.061054-0 – BA – 3ª T. – Rel. Juiz Olindo Menezes – DJU – 14.05.1999 – p. 102)

vocatícios. Essa verba honorária será devida, também, nos casos em que o advogado funcionar em causa própria.

§ 1º. O juiz, ao decidir qualquer incidente ou recurso, condenará nas despesas o vencido."

No caso de ser acolhida a exceção de pré-executividade e, conseqüentemente, extinta a execução mediante sentença,[164] caberá ao exeqüente o pagamento das custas processuais, além de honorários advocatícios do advogado do executado/oponente.[165]

Caso a exceção não seja acolhida, e o juiz determine o prosseguimento do feito, não há falar em custas e honorários neste momento processual, por haver apenas uma decisão interlocutória.[166] Assim, aguarda-se a penhora ou depósito e, apresentados os embargos à execução, as custas e honorários advocatícios serão devidos pela parte sucumbente.

6.11. Recurso

Como já foi examinado anteriormente, admitindo ou não admitindo a exceção de pré-executividade, o juiz estará decidindo. Na sistemática processual vigente, a parte contra quem se deu a decisão terá o direito de recorrer.

---

[164] Artigo 162, § 1º, do Código de Processo Civil: "Sentença é o ato pelo qual o juiz põe termo ao processo, decidindo ou não o mérito da causa."

[165] É este o entendimento do STJ: "16008454 – JCPC.20 PROCESSUAL CIVIL – EXECUÇÃO – EXCEÇÃO DE PRÉ-EXECUTIVIDADE – HONORÁRIOS DEVIDOS – CPC, ART. 20 – DOUTRINA E PRECEDENTES DO TRIBUNAL – RECURSO PROVIDO – II – O sistema processual civil vigente, em sede de honorários advocatícios, funda-se em critério objetivo, resultante da sucumbência. II – Extinguindo-se a execução por iniciativa dos devedores, ainda que em decorrência de exceção de pré-executividade, devida é a verba honorária". (STJ – REsp 195351 – MS – 4ª T. – Rel. Min. Salvio de Figueiredo Teixeira – DJU – 12.04.1999 – p. 153).

[166] Artigo 162, § 2º, do Código de Processo Civil: "Decisão interlocutória é o ato pelo qual o juiz, no curso do processo, resolve questão incidente."

Segundo o Código de Processo Civil, quais são os recursos disponíveis para cada ato (decisão) do juiz? Quais são, também à luz do direito instrumental, as decisões que o juiz pode tomar ao se deparar com a oposição pré-processual?

Existem três situações possíveis a ensejar a possibilidade de recurso: acolhimento da exceção e, por conseqüência, a extinção da execução; simplesmente o não-conhecimento da exceção; e, por fim, o conhecimento, mas não-acolhimento da exceção de pré-executividade.

Ainda que alguns autores discutam a questão da coisa julgada em relação à sentença que, acolhendo a exceção, extingue a execução, tal ponto não é objeto deste trabalho.[167] Em qualquer hipótese, como bem salientado por Mariana Tavares Antunes, é possível que a sentença, em dados momentos, atinja o próprio mérito da questão, produzindo coisa julgada material e, quando não houver o exame de mérito, a coisa julgada será formal.

Na medida em que a decisão que acolhe a exceção e extingue a execução é sentença, o recurso dela cabível é no processo civil, a apelação.[168] [169]

Este é o entendimento pacífico na doutrina. Alberto Camiña Moreira inicia o capítulo que trata dos recursos, afirmando categoricamente que "o tema não oferece maior dificuldade: extinto o processo de execução por força de sentença definitiva ou terminativa, em decorrência de provocação por meio de exceção de pré-execu-

---

[167] Ver Mariana Tavares Antunes. "A Exceção de Pré-Executividade e os recursos cabíveis de seu indeferimento e de seu acolhimento", *in Recursos Cíveis de acordo com a Lei nº 9.756/98*; Alberto Camiña Moreira. *Defesa sem embargos do executado – Exceção de Pré-Executividade*. Saraiva, p. 187 e segs., entre outros.

[168] Ver Código de Processo Civil, artigo 513: "Da sentença caberá apelação".

[169] No capítulo seguinte, cuidar-se-á dos recursos cabíveis das decisões em Processo do Trabalho.

tividade, o recurso cabível é a apelação".[170] No mesmo sentido, as lições de Marcos Valls Feu Rosa[171] e Luiz Peixoto de Siqueira Filho.[172] No seu clássico *Manual do Processo de Execução*, Araken de Assis afirma: "deduzindo a exceção de executividade,[173] o devedor cria incidente, cuja rejeição enseja agravo; do acolhimento, porque ato extintivo da execução, cabe apelação".[174]

Discute-se sobre a natureza jurídica do ato do juiz que não admite a exceção de pré-executividade: seria despacho ou decisão interlocutória? A toda evidência, o referido ato tem conteúdo decisório. É, inegavelmente, ato pelo qual o juiz decide questão incidente, qual seja, acolher ou não a pretensão do executado nos próprios autos da ação de execução, quando este alega que não há execução ou que ela é nula. O juiz decide e, por conseqüência, deve fundamentar a decisão. Se despacho fosse, não haveria necessidade de fundamentação, eis que a lei não estabelece forma para tais atos.[175]

Na medida em que o não-conhecimento da exceção de pré-executividade é, portanto, uma decisão interlocutória, o recurso cabível é o agravo de instrumento.[176] Dispõe o artigo 522 do Código de Processo Civil: "Das decisões interlocutórias caberá agravo, no prazo de 10 (dez) dias, retido nos autos ou por instrumento."

---

[170] Ob. cit., p. 186.

[171] Ob. cit., p. 94.

[172] Ob. cit., p. 82.

[173] A expressão "exceção de executividade" é do próprio Araken de Assis.

[174] Araken de Assis, p. 428.

[175] Ver Código de Processo Civil, artigo 162 e § 3º: "Os atos do juiz consistirão em sentenças, decisões interlocutórias e despachos. ... § 3º. São despachos todos os demais atos praticados no processo, de ofício ou a requerimento da parte, a cujo respeito a lei não estabelece outra forma."

[176] Assim entende o Tribunal de Justiça do Rio Grande do Sul: "27007224 – EXCEÇÃO DE PRÉ-EXECUTIVIDADE – DECISÃO INTERLOCUTÓRIA – RECURSO CABÍVEL – Agravo de Instrumento. Apelação não conhecida. Unânime". (TJRS – AC 598454106 – RS – 20ª C. Cív. – Rel. Des. Rubem Duarte – j. 20.04.1999).

Não há falar em agravo retido, já que não haverá oportunidade para ulterior apelação.[177] Seria, então, hipótese de agravo de instrumento, obrigado o agravante a observar os requisitos dos artigos 524 a 526 do Código de Processo Civil.[178] Ressalte-se que o tribunal *ad quem* não enfrentará o mérito da exceção, eis que tal não ocorreu na instância inferior. Será o caso de, provido o agravo, determinar o exame do mérito pela vara de origem, sob pena de supressão de instância.

A terceira hipótese trata do conhecimento, mas não acolhimento da exceção de pré-executividade. Ocorrendo aqui também uma decisão interlocutória, o recurso cabível será o agravo de instrumento. Todavia, ao contrário da segunda hipótese, o juízo de primeiro grau enfrentou a matéria de mérito e, assim, a instância superior, ao dar provimento ao recurso, poderá reformar a decisão *a quo*.

---

[177] Nesse sentido, Alberto Camiña Moreira. Ob cit., p. 186.

[178] Ver Código de Processo Civil:
"Art. 524. O agravo de instrumento será dirigido diretamente ao tribunal competente, através de petição com os seguintes requisitos:
I – a exposição do fato e do direito;
II – as razões do pedido de reforma da decisão;
III – o nome e o endereço completo dos advogados, constantes do processo.
Art. 525. A petição de agravo de instrumento será instruída:
I – obrigatoriamente, com cópias da decisão agravada, da certidão da respectiva intimação e das procurações outorgadas aos advogados do agravante e do agravado;
II – facultativamente, com outras peças que o agravante entender úteis.
§ 1º. Acompanhará a petição o comprovante do pagamento das respectivas custas e do porte de retorno, quando devidos, conforme tabela que será publicada pelos tribunais.
§ 2º. No prazo do recurso, a petição será protocolada pelo tribunal, ou postada no correio sob registro com aviso de recebimento, ou ainda, interposta por outra forma prevista na lei local.
Art. 526. O agravante, no prazo de 3 (três) dias, requererá juntada, aos autos do processo, de cópia da petição do agravo de instrumento e do comprovante de sua interposição, assim como a relação dos documentos que instruíram o recurso."

Discute-se, ainda, sobre a possibilidade de o despacho inicial de citação na ação de execução ensejar, ou não, a possibilidade do agravo de instrumento. Este foi o ponto de discussão tratado por Alcides de Mendonça Lima: a conclusão do eminente jurista, em parecer fornecido à Copersucar – Cooperativa Central dos Produtores de Açúcar e de Álcool do Estado de São Paulo, foi de que o agravo de instrumento, no caso é cabível, desde que haja penhora.[179]

Com o respeito que merece tão eminente jurista, não se interpreta desta forma, primeiro, porque, as hipóteses apresentadas no presente livro levam ao entendimento de que a exceção de pré-executividade é cabível em casos em que, indiscutivelmente, não há certeza, liquidez ou exigibilidade do título executivo; segundo, porque, em relação à citação, entende-se tratar de mero despacho, contra o qual, à luz do artigo 522 do Código de Processo Civil, não cabe agravo de instrumento.

6.12. Diferenças e semelhanças entre os embargos e a exceção de pré-executividade

Cumpre esclarecer, inicialmente, que não há preclusão quando a matéria já foi ventilada em sede de exceção de pré-executividade e volta à baila nos embargos à execução.

A toda evidência, trata-se de norma de ordem pública, que deveria ter sido detectada pelo juiz antes de ser determinada a citação do executado e, na medida em que tal fato não ocorreu, coube ao pretenso devedor lembrar o juiz que não há execução ou que ela é nula, demonstrando cabal e inequivocamente tal circunstância.

---

[179] Ob. cit.

Com efeito, contra norma de ordem pública não se opera preclusão.

Já foram examinados, neste trabalho, o conceito e a natureza jurídica dos embargos à execução e da exceção de pré-executividade. É o momento de destacar as diferenças e as semelhanças entre os dois institutos. Vejamos:

a) quanto à natureza jurídica, os embargos constituem ação (ainda que incidente ao processo de execução), como instrumento de defesa e contra-ataque, e a exceção de pré-executividade é um incidente processual de defesa do executado;

b) quanto à forma, na medida em que os embargos constituem ação, devem obedecer aos requisitos do artigo 282 do Código de Processo Civil,[180] o que não ocorre com a exceção de pré-executividade que não tem exigência de forma especial, podendo ser oposta por simples petição;

c) quanto ao prazo, os embargos obedecem ao prazo legal[181] e preclusivo para o seu ajuizamento, enquanto a exceção pode ser oposta em qualquer prazo, por discutir norma de ordem pública;

---

[180] Ver Código de Processo Civil:
Art. 282: "A petição inicial indicará:
I – o juiz ou tribunal, a que é dirigida;
II – os nomes, prenomes, estado civil, profissão, domicílio e residência do autor e do réu;
III – o fato e os fundamentos jurídicos do pedido;
IV – o pedido, com suas especificações;
V – o valor da causa;
VI – as provas com que o autor pretende demonstrar a verdade dos fatos alegados;
VII – o requerimento para a citação do réu."

[181] Ver Código de Processo Civil:
Art. 738. O devedor oferecerá embargos no prazo de 10 (dez) dias, contados:
I – da juntada aos autos da prova da intimação da penhora;
II – do termo de depósito (art. 622);
III – da juntada aos autos do mandado de imissão na posse, ou de busca e apreensão, na execução para entrega de coisa (art. 625);
IV – da juntada aos autos do mandado de citação, na execução das obrigações de fazer ou de não fazer.

d) quanto à produção de prova, os embargos, por constituírem ação, ensejam a produção de todos os meios de prova em direito admitidas. A exceção, por se tratar de incidente excepcional que visa a alertar o juiz sobre a inexistência ou a nulidade da execução, enseja tão-somente a produção de prova documental cabal e inequívoca, anexa à petição;[182]

e) quanto aos efeitos, os dois institutos podem levar à extinção da execução;

f) quanto às despesas processuais, ambos os institutos podem ensejar a condenação do sucumbente no pagamento das custas e dos honorários advocatícios;

g) em ambos os institutos, o executado necessita de advogado para oferecer a sua defesa;[183]

h) quanto à base legal ou teórica, os embargos encontram guarida na legislação instrumental vigente, especialmente nos artigos 736 e seguintes do Código de Processo Civil. A exceção de pré-executividade, por sua vez, como já demonstrado ao longo do presente capítulo, é fruto de construção doutrinária e, posteriormente jurisprudencial, que tem a sua razão de ser, quando o executado pretende evitar a constrição de seus bens para alertar o juiz de que não há certeza, exigibilidade ou liquidez do título.

Estas, em síntese, as diferenças e as semelhanças existentes nestas duas modalidades de defesa que o devedor ou pretenso devedor tem para assegurar o seu direito.

---

[182] Nessa senda, decide o Tribunal de Justiça do Rio Grande do Sul: "27005584 – PROCESSUAL CIVIL – EXECUÇÃO – EXCEÇÃO DE PRÉ-EXE-CUTIVIDADE – A EXCEÇÃO DE PRÉ-EXECUTIVIDADE NÃO SE PRESTA A DISCUSSÃO DE MATÉRIAS DE FATO CONTROVERSAS, CUJA COM-PROVAÇÃO EXIJA MAIOR DILAÇÃO PROBATÓRIA, A QUAL SOMENTE É CABÍVEL EM SEDE DE EMBARGOS DE DEVEDOR – Recurso improvido." (TJRS – Ai 598517597 – RS – 16ª C. Cív. – Rel. Des. Claudir Fidelis Faccenda – j. 10.03.1999).

[183] Ver Constituição Federal, artigo 133: "O advogado é indispensável à administração da justiça, sendo inviolável por seus atos e manifestações no exercício da profissão, nos limites da lei."

7. A Exceção de pré-executividade no Processo do Trabalho

O estudo da exceção de pré-executividade no processo do trabalho levará em consideração, fundamentalmente, o exame realizado até o momento, acerca do instituto no processo comum. Posteriormente, é necessário que as peculiaridades do direito material e processual do trabalho, sejam comentadas. Para tanto, examinar-se-ão os princípios próprios, materiais e processuais, a previsão legal da aplicação subsidiária do processo comum e da lei de execuções fiscais na execução trabalhista, os títulos executivos judiciais e extrajudiciais no processo laboral e a novel Lei nº 9.958, de 12 de janeiro de 2000, que trata das comissões de conciliação prévia e fixa especificamente, títulos executivos extrajudiciais que, seguramente, com o decorrer do tempo, estarão na vanguarda da discussão desta matéria, neste ramo do direito.

Finalmente, examina-se se e como pode ocorrer a ausência de liquidez, certeza ou exigibilidade do título executivo trabalhista e a possibilidade de defesa sem o oferecimento de embargos.

Mais uma vez é importante destacar a natureza do presente trabalho. Trata-se do exame de um instituto concebido pela doutrina e pela jurisprudência, com a conseqüente discussão acerca da sua efetividade. Não obstante esta circunstância, pretende-se levar o tema ao exame de outra área do direito, diversa da que o concebeu: o processo do trabalho. Quais são os caminhos a abrirem portas à intenção? Neste sentido, reitera-se a importância do capítulo primeiro, que tentou situar o leitor e prepará-lo para o entendimento da construção aqui pretendida. Este é o papel da ciência, da hermenêutica e, especialmente aqui, da interpretação sistemática.

É importante destacar que se muito tem sido escrito sobre o tema no Processo Civil, no Processo do Trabalho a investigação ainda é discreta. Esta realidade é fascinante, provocadora, instigadora, mas também revestida de grande responsabilidade. Fazer ciência é investigar, mas é também tomar posições. O presente trabalho busca trazer novas discussões sobre o tema que indiscutivelmente tem a sua viga mestra no Processo Civil. A construção e a análise até aqui realizadas encontram, neste último capítulo, portas abertas para levantar hipóteses e apresentar conclusões sobre o tema. No cotidiano forense, o assunto vem ganhando popularidade. A academia tem o papel de aprofundar a investigação. O objetivo final da ciência é e será sempre a construção de uma sociedade e de um mundo melhor de se viver.

Os subsídios científicos não são abundantes. Alguns autores, em seus manuais de Direito Processual do Trabalho, destacam o tema. Todavia, não há monografias específicas sobre exceção de pré-executividade no Processo do Trabalho.

É assim que, para o ingresso do tema no direito e no Processo do Trabalho, faz-se necessária a elucidação de princípios próprios e do exame das "portas de entrada"[184] concedidas pelo sistema. Ainda no presente capítulo, reitera-se, far-se-á a verificação dos títulos executivos extrajudiciais no processo do trabalho, demonstrando, finalmente, se e porque o instituto é cabível nesta área do direito.

---

[184] Ver exame dos artigos 8º, 769 e 889 da CLT.

7.1. Princípios de Direito do Trabalho e de Direito Processual do Trabalho

Inicia-se por justificar a inclusão dos princípios de direito material juntamente com os princípios de direito processual do trabalho neste item. O processo é mero instrumento de busca de um bem jurídico, utilizado por haver uma pretensão resistida daquele contra quem se busca o referido bem. Se o processo do trabalho contém princípios norteadores tutelares, tal fato só ocorre porque o direito material também os tem. Com efeito, entende-se que a "exceção de pré-executividade" é aplicável no processo do trabalho. Apesar dos princípios tutelares deste ramo do direito, não há incompatibilidade do mesmo com a exceção, pois se existe mácula no título, não se justifica a penhora. A Consolidação das Leis do Trabalho dispõe no seu artigo 8º:[185]

---

[185] No dizer de Valentin Carrion. *Comentários à Consolidação das Leis do Trabalho* (25ª edição, Saraiva, 2000, p. 63-64), o Título I da CLT é verdadeira Lei de Introdução ao "Código Trabalhista". Nesse sentido, o autor registra: "A aplicação da norma jurídica, em cada momento, não desenvolve apenas o dispositivo imediatamente específico para o caso, ou o vazio de que se ressente; considera-se todo o universo de normas vigentes, os precedentes históricos, a evolução da sociedade, os conflitos das leis no espaço, no tempo e na hierarquia e os princípios, mesmo que não haja omissão na norma ou no contrato. 'As normas especiais resultam sempre incompletas de algum modo' (Carlos Molero Manglano, *La supletoriedad en el derecho del trabajo*, Madrid, 1975), ou melhor, todas as normas jurídicas são incompletas, posto que necessitam das demais e são abstratas, enquanto o caso é concreto. Como em cada área do Direito as normas dos outros ramos somente se recebem após atender-se o dispositivo imediato, que é o Direito do Trabalho, aqui essa admissão tem de considerar a 'tensão existente entre os princípios individualistas do direito civil e os sociais do direito do trabalho' (Borrajo e Oviedo, *apud* cit.), afastando-se assim a possível incompatibilidade também apontada na CLT.
O direito do trabalho possui princípios específicos, além dos de direito comum. Sua tutela principal se resume em: a) norma mais favorável; b) condição mais benéfica; c) primazia da realidade."
...
"Direito comum. Como direito comum se entende qualquer ramo do direito vigente, mesmo os outros especiais, quando aplicáveis a certas hipóteses.

"As autoridades administrativas e a Justiça do Trabalho, na falta de disposições legais ou contratuais, decidirão, conforme o caso, pela jurisprudência, por analogia, por eqüidade e outros princípios e normas gerais de direito, principalmente do direito do trabalho, e, ainda, de acordo com os usos e costumes, o direito comparado, mas sempre de maneira que nenhum interesse de classe ou particular prevaleça sobre o interesse público. ... Parágrafo Único. O direito comum será fonte subsidiária do direito do trabalho, naquilo em que não for incompatível com os princípios fundamentais deste."

Os princípios são, portanto, basilares para o direito do trabalho. A construção deste ramo do direito, ao longo dos últimos dois ou três séculos,[186] fez com que os princípios passassem a ter força de linhas diretrizes e de

---

Princípios fundamentais do Direito do Trabalho são os que norteiam e propiciam a sua existência, tendo como pressuposto a constatação da desigualdade das partes, no momento do contrato e durante seu desenvolvimento. É norma geral brasileira que 'na aplicação da lei, o juiz atenderá aos fins sociais a que ela se destina e às exigências do bem comum' (LICC, art. 5º). A referência do artigo 8º ao direito comum significaria um repúdio de cavar um fosso isolacionista em torno do direito do trabalho." (Magano, *Manual de Direito do Trabalho*).

[186] Neste sentido, ver Sergio Pinto Martins: "Efetivamente, o Direito do Trabalho passa a engatinhar com o surgimento da Revolução Industrial. Nessa época, a principal causa econômica do surgimento da Revolução Industrial foi o aparecimento da máquina a vapor como fonte energética, substituindo a força humana. Houve, portanto, a substituição do trabalho manual pelo trabalho com o uso de máquinas. Havia necessidade de que as pessoas viessem também a operar as máquinas não só a vapor, mas também máquinas têxteis, o que fez surgir o trabalho assalariado. Daí nasce uma causa jurídica, pois os trabalhadores começaram a reunir-se, associar-se, para reivindicar melhores condições de trabalho e de salários, diminuição das jornadas excessivas (os trabalhadores prestavam serviços por 12, 14, 16 horas diárias) e contra a exploração de menores e mulheres. Estes se sujeitavam a receber salários ínfimos e a trabalhar em jornadas exaustivas para poder entrar no mercado de trabalho, A partir desse momento, passa a surgir liberdade na contratação das condições de trabalho. O Estado, por sua vez, deixa de ser abstencionista, para se tornar intervencionista, intervindo nas relações de trabalho." (Ob. cit., p. 34).

conduta nas relações trabalhistas em geral. Na lição de Miguel Reale:

"(...) princípios são verdades fundantes de um sistema de conhecimento, como tais admitidas, por serem evidentes ou por terem sido comprovadas, mas também por motivos de ordem prática de caráter operacional, isto é, como pressupostos exigidos pelas necessidades da pesquisa e da *praxis*.[187]

O uruguaio Américo Plá Rodriguez foi e continua sendo o "pai dos princípios de direito do trabalho". Toda a doutrina laboralista, nacional e estrangeira, quando examina os princípios de Direito do Trabalho, toma como base as lições de Plá Rodriguez.[188]

Assim é que, no dizer de Plá Rodriguez:

"(...) princípios são linhas diretrizes que informam algumas normas e inspiram direta e indiretamente uma série de soluções, pelo que, podem servir para promover e embasar a aprovação de novas normas, orientar a interpretação das existentes e resolver os casos não previstos".[189]

Deste conceito são extraídas as funções dos princípios:[190]

a) informadora: inspiram o legislador, servindo de fundamento para o ordenamento jurídico;

b) normativa: atuam como fonte supletiva, no caso de ausência da lei. São meios de integração do direito;

c) interpretadora: operam como critério orientador do juiz ou do intérprete.

---

[187] *Lições Preliminares de Direito.* 11ª ed., Saraiva.

[188] A propósito, a obra clássica é *Princípios de Direito do Trabalho*, editada no Brasil, pela LTr, (1996).

[189] Ob. cit., p. 16.

[190] Aqui Plá Rodriguez cita Federico de Castro, na obra *Derecho Civil de España*. 2ª ed., Madrid, 1949, t. I, p. 473 e segs.

Ora, verifica-se que o sistema se completa[191] e busca respostas nele próprio.[192] O fato social é fonte material de direito.[193] Daí, a inspiração do legislador como fundamento para a produção do direito positivo. Havendo lacunas na lei, o intérprete ou julgador há de buscar soluções no sistema e, quando o hermeneuta enfrenta dúvidas, os princípios servem ainda como critério de interpretação.

No que diz respeito ao Direito do Trabalho, os princípios eleitos por Plá Rodriguez são os seguintes:

a)Princípio da Proteção:

"O princípio da proteção se refere ao critério fundamental que orienta o Direito do Trabalho, pois este, ao invés de inspirar-se num propósito de igualdade, responde ao objetivo de estabelecer um amparo preferencial a uma das partes: o trabalhador. Enquanto no direito comum uma constante preocupação parece assegurar a igualdade jurídica entre os contratantes, no Direito do Trabalho a preocupação central parece ser a de proteger uma das partes com o objetivo de, mediante essa prote-

---

[191] Destaca-se mais uma vez a lição de Bobbio: "Por 'completude' entende-se a propriedade pela qual um ordenamento jurídico tem uma forma para regular qualquer caso. Uma vez que a falta de uma norma se chama geralmente 'lacuna' (num dos sentidos do termo 'lacuna'), 'completude' significa 'falta de lacunas'. Em outras palavras, um ordenamento é completo quando o juiz pode encontrar nele uma norma para regular qualquer caso que se lhe apresente, ou melhor, não há caso que não possa ser regulado com uma norma tirada do sistema" (Ob. cit., p. 115).

[192] Neste sentido, o artigo 4º da Lei de Introdução ao Código Civil: "Quando a lei for omissa, o juiz decidirá o caso de acordo com a analogia, os costumes e os princípios gerais de direito." Também o artigo 126 do Código de Processo Civil: "O juiz não se exime de sentenciar ou despachar alegando lacuna ou obscuridade da lei. No julgamento da lide caber-lhe-á aplicar as normas gerais; não as havendo, recorrerá à analogia, aos costumes e aos princípios gerais de direito."

[193] Ver a positivação, na Lei de Introdução ao Código Civil: "Art. 5º. Na aplicação da lei, o juiz atenderá aos fins sociais a que ela se dirige e às exigências do bem comum."

ção, alcançar-se uma igualdade substancial e verdadeira entre as partes".[194]

O princípio da proteção visa a equilibrar a balança social, entre aquele que detém o poder econômico e aquele que troca a sua força de trabalho pelo salário. A desigualdade jurídica, como peso (intervenção do Estado em matéria de trabalho) para o trabalhador, compensa o peso do poder econômico do empregador. No dizer de Plá Rodriguez:

"(...) o fundamento deste princípio está ligado à própria razão de ser do Direito do Trabalho...O legislador não podia mais manter a ficção de igualdade existente entre as partes do contrato de trabalho e inclinou-se para uma compensação dessa desigualdade econômica desfavorável ao trabalhador com uma proteção jurídica a ele favorável. O Direito do Trabalho responde fundamentalmente ao propósito de nivelar desigualdades. Como dizia *Couture*: 'o procedimento lógico de corrigir as desigualdades é o de criar outras desigualdades'".[195]

O princípio da proteção está dividido em outros três subprincípios:

a1) Regra *in dubio, pro operario*: Esta regra contém limites, ou seja, ela tem aplicação somente em caso de dúvida do juiz ou do intérprete sobre a norma escrita. Assim, havendo efetiva dúvida sobre a aplicação do direito, o intérprete deve optar por aquele mais favorável ao trabalhador.

a2) Regra da norma mais favorável: É possível inverter a hierarquia das fontes formais do direito do trabalho, quando a norma inferior é mais favorável ao trabalhador. Assim, se o adicional de horas extras previsto na Convenção Coletiva de Trabalho for superior ao

---

[194] Américo Plá Rodriguez. *Princípios de Direito do Trabalho*, p. 28.

[195] Ob. cit., p. 30.

previsto na lei ou na Constituição, deve-se aplicar o adicional da primeira.[196]

a3) Regra da condição mais benéfica: "A regra da condição mais benéfica pressupõe a existência de uma situação concreta, anteriormente reconhecida, e determina que ela deve ser respeitada, na medida em que seja mais favorável ao trabalhador que a nova norma aplicável".[197] Assim, as vantagens aos trabalhadores de qualquer ordem, superiores a novas condições estabelecidas, devem predominar, salvo disposição expressa em contrário.

b) Princípio da Irrenunciabilidade: Os direitos trabalhistas são irrenunciáveis pelo trabalhador. Na lição de Martins, "não se admite, por exemplo, que o trabalhador renuncie a suas férias".[198] No direito pátrio, o artigo 9º da CLT expressa: "Serão nulos de pleno direito os atos praticados com o objetivo de desvirtuar, impedir ou fraudar a aplicação dos preceitos contidos nesta Consolidação."

c) Princípio da continuidade da relação de emprego: Com efeito, presume-se que o trabalhador não tenha interesse em extinguir a relação jurídica do emprego. Considerando o caráter alimentar do seu salário, o interesse é manter o contrato de emprego, objetivando o sustento próprio da família do obreiro. Assim é que, no dizer de Plá Rodriguez, "o contrato de trabalho é um contrato de trato sucessivo, ou seja, a relação de emprego não se esgota mediante a realização instantânea de certo ato, mas perdura no tempo. A relação empregatícia não é efêmera, mas pressupõe uma vinculação que se prolonga".[199] No direito brasileiro, "o contrato individual de trabalho poderá ser acordado tácita ou expres-

---

[196] Nesse sentido, Sergio Pinto Martins. Ob. cit. p. 72.

[197] Américo Plá Rodriguez, p. 60.

[198] Ob. cit., p. 72.

[199] Ob. cit., p. 138.

samente, verbalmente ou por escrito e por prazo determinado ou indeterminado" (art. 443 da CLT). Ocorre que o princípio da continuidade da relação de emprego se manifesta expressamente no direito pátrio, na medida em que o próprio dispositivo supra-referido dispõe que os contratos a prazo determinado devem ser feitos por escrito. Assim, a regra é de que o contrato é a prazo indeterminado, e este pode ser pactuado tácita ou expressamente, verbalmente ou por escrito. Os contratos a prazo determinado tratam-se de exceção, e como tal, devem obedecer à forma escrita.

d) Princípio da primazia da realidade:

"O princípio da primazia da realidade significa que, em caso de discordância entre o que ocorre na prática e o que emerge de documentos ou acordos, deve-se dar preferência ao primeiro, isto é, ao que sucede no terreno dos fatos. No direito do trabalho existe o que se chama comumente de 'contrato-realidade'".[200]

Estes seriam os princípios específicos de Direito do Trabalho, e que indubitavelmente abrangem todos os demais princípios da disciplina eventualmente tratados pelos diversos autores. Registra-se, todavia, que Plá Rodriguez aponta ainda outros dois princípios que, no seu entendimento, além de gerais de direito, são também específicos de Direito do Trabalho. São eles: o princípio da razoabilidade[201] e o princípio da

---

[200] Ob. cit., p. 217.

[201] Ao tratar do referido princípio, Plá Rodriguez aduz que "a razoabilidade é a qualidade do razoável. E razoável é definido como o regulado, o justo, o conforme à razão...reduzido, pois, à expressão mais simples, podemos dizer que o princípio da razoabilidade consiste na afirmação essencial de que o ser humano, em suas relações trabalhistas, procede e deve proceder conforme a razão...Poderia talvez ser dito que uma afirmação tão elementar não é exclusiva do Direito do Trabalho, mas própria de todos os ramos do direito. Toda ordem jurídica se estrutura em torno de critérios de razão e de justiça, que partem da natureza da pessoa humana e buscam concretizar um ideal de justiça;" (Ob. cit., p. 251).

boa-fé.[202] Na medida em que não há concordância com a posição do mestre uruguaio, não se destacam os referidos princípios.

O exame de princípios próprios do Direito do Trabalho tem o objetivo de embasar os princípios próprios do Direito Processual do Trabalho. Assim, busca-se construir o fundamento lógico de aplicação do instituto da exceção de pré-executividade no processo do trabalho.

Com efeito, o direito instrumental visa a garantir o direito material quando há a chamada pretensão resistida. Segundo Ovídio Baptista:

"(...) existem, no campo do direito material, o direito subjetivo e a pretensão, que é a faculdade de se poder exigir a satisfação do direito. Sendo assim, no campo do direito material, não se pode falar, como muitos fazem, de uma pretensão procedente, como se pudesse haver 'direitos improcedentes' ou 'pretensões improcedentes'. O direito é ou não é, existe ou não existe, tal como a faculdade de exigir sua satisfação que igualmente existe ou não existe ... A distinção fundamental entre *pretensão* e *ação de direito material* está em que a pretensão – enquanto exigência – supõe que a realização ainda se dê como resultado de um agir do próprio obrigado, prestando, satisfazendo a obrigação. Enquanto exijo, em exercício de pretensão, espero o cumprimento, mediante *ato voluntário* do obrigado, ainda não *ajo para a satisfação*, com prescindência de qualquer ato de cumprimento por parte do sujeito passivo. A partir

---

[202] Segundo Plá Rodriguez, "se se acredita que há obrigação de ter rendimento no trabalho, é porque se parte da suposição de que o trabalhador deve cumprir seu contrato de boa-fé e entre as exigências da mesma se encontra a de colocar o empenho normal no cumprimento da tarefa determinada. Mas, ao mesmo tempo essa obrigação de boa-fé alcança, ainda assim, o empregador, que também deve cumprir lealmente suas obrigações." (Ob. cit., p. 269).

do momento em que o devedor, *premido por minha exigência*, mesmo assim não cumpre a obrigação, nasce-me a *ação*. Já agora posso *agir para a satisfação*, sem contar mais com a ação voluntária do obrigado cumprindo a obrigação. A ação de direito material é, pois, o exercício do próprio direito por ato de seu titular, independentemente de qualquer atividade voluntária do obrigado".[203]

Nesse sentido, a partir da base material traçada, examinar-se-ão os princípios de Direito Processual do Trabalho.[204] Na lição de Wagner Giglio:

"(...) interessam ao estudo apenas os princípios próprios e exclusivos do Direito Processual do Trabalho. Afastemos, desde logo, portanto, os princípios do Direito Processual Civil, posto que conceitualmente não são próprios nem privativos do Direito Processual do Trabalho".[205]

Com efeito, os princípios próprios e privativos do Direito Processual do Trabalho não são unanimidade na doutrina. Todavia, o autor que mais aprofundou os

---

[203] Ovídio de Araújo Baptista. *Curso de Processo Civil.* Volume I, 2ª edição. Fabris, p. 65.

[204] Registre-se que, para Ovídio Baptista da Silva, os princípios fundamentais do processo civil são: a) princípio dispositivo (o juiz deve julgar a causa com base nos fatos alegados pelas partes); b) princípio de demanda (exame do direito subjetivo das partes); c) princípio da oralidade (prática dos atos em audiência); d) princípio da imediatidade (contato direto do juiz com as partes e as provas); e) princípio da identidade física do juiz (o juiz que preside a instrução da causa deve julgá-la); f) princípio da concentração (dentro do possível, os atos processuais devem ser concentrados em audiência); g) princípio da irrecorribilidade das interlocutórias (objetiva impedir, tanto quanto possível, contínuas interrupções no processo); h) princípio do livre convencimento do juiz (o juiz é livre para apreciar a prova e decidir conforme a sua convicção); i) princípio da bilateralidade da audiência (também conhecido como princípio do contraditório, objetiva o direito de defesa); j) princípio da verossimilhança (busca da verdade real). (Ob. cit., p. 47/58).

[205] Wagner Giglio. *Direito Processual do Trabalho.* Saraiva, 1997, p. 65.

princípios específicos da área foi Wagner Giglio. Na opinião do referido autor, quatro são os princípios específicos do processo do trabalho:

a) Princípio protecionista:

"(...) o caráter tutelar do Direito Material do Trabalho se transmite e vigora também no Direito Processual do Trabalho...Ora, o Direito Material do Trabalho tem natureza profundamente diversa da dos demais ramos do Direito porque, imbuído de idealismo, não se limita a regular a realidade da vida em sociedade, mas busca transformá-la, visando uma distribuição da renda nacional mais equânime e a melhoria da qualidade de vida dos trabalhadores e de seus dependentes;...Essas características do Direito Material do Trabalho imprimem suas características no direito instrumental, particularmente quanto à proteção de contratante mais fraco, cuja inferioridade não desaparece, mas persiste no processo...A gratuidade do processo, com isenção do pagamento de custas e despesas, aproveita aos trabalhadores, mas não aos patrões; a assistência judiciária gratuita é fornecida ao empregado, mas não ao empregador; a inversão do ônus da prova através das presunções favorece o trabalhador, nunca ou raramente o empregador; o impulso oficial *ex officio* beneficia o empregado, já que o empregador, salvo raras exceções, é o réu".[206]

b) Princípio da nomogênese derivada: é também chamado por Giglio, de princípio da delegação legislativa ou da jurisdição normativa e só vigora plenamente no direito brasileiro. "Significa uma delegação de poderes ao Judiciário Trabalhista para, utilizando a via pro-

---

[206] Ob. cit., p. 66/67.

cessual, criar ou modificar norma jurídica, numa atividade mista que, sob a forma externa do procedimento judicial, agasalha em seu bojo uma autêntica manifestação legislativa".[207] Trata-se da sentença normativa.[208]

c) Princípio da despersonalização do empregador: No dizer de Giglio, "garante-se o trabalhador contra as alterações na estrutura jurídica ou na propriedade da empresa: são os bens materiais e imateriais componentes do empreendimento que asseguram a satisfação do julgado".[209] Para Martins:

"(...) trata-se de uma regra de direito material, contida nos artigos 10[210] e 448[211] da CLT, que determina que os direitos adquiridos dos empregados não serão prejudicados com a mudança na propriedade ou estrutura jurídica da empresa. No Direito do Trabalho do empregador é a empresa (art. 2º da

---

[207] Ob. cit., p. 68.

[208] A própria Constituição Federal, ao definir a competência material da Justiça do Trabalho, define o que se chama de "poder normativo da Justiça do Trabalho". Veja-se a redação do texto constitucional:
"Art. 114. Compete à Justiça do Trabalho conciliar e julgar os dissídios individuais e coletivos entre trabalhadores e empregadores, abrangidos os entes de direito público externo e da administração pública direta e indireta dos Municípios, do Distrito Federal, dos Estados e da União, e, na forma da lei, outras controvérsias decorrentes da relação de trabalho, bem como os litígios que tenham origem no cumprimento de suas próprias sentenças, inclusive coletivas."
§ 1º. Frustrada a negociação coletiva, as partes poderão eleger árbitros.
§ 2º. Recusando-se qualquer das partes à negociação ou à arbitragem, é facultado aos respectivos sindicatos ajuizar dissídio coletivo, *podendo a Justiça do Trabalho estabelecer normas e condições , respeitadas as disposições convencionais e legais mínimas de proteção ao trabalho.*"
... *(grifamos)*

[209] Ob. cit., p. 68.

[210] Ver Consolidação das leis do Trabalho: "Art. 10. Qualquer alteração na estrutura jurídica da empresa não afetará os direitos adquiridos por seus empregados."

[211] Ver Consolidação das Leis do Trabalho: "Art. 448. A mudança na propriedade ou na estrutura jurídica da empresa não afetará os contratos de trabalho dos respectivos empregados."

CLT[212]). Logo, os bens a serem perseguidos são os da empresa e não os dos sócios ou empresários".[213]

d) Princípio da simplificação procedimental:

"É válido internacionalmente, e revelado, no nosso direito, pela outorga do *jus postulandi*[214] às partes, pela comunicação postal dos atos processuais, nomeação de perito único, eliminação da fase de avaliação de bens penhorados, etc".[215]

Estes, no entendimento de Wagner Giglio, "os princípios concretos que fundamentam a existência autônoma do Direito Processual do Trabalho, sob o aspecto científico.[216]

Examinada a estrutura principiológica do Direito Material e do Direito Processual do Trabalho, está posto o alicerce para a construção e a conclusão da hipótese aqui lançada.

---

[212] Ver Consolidação das Leis do Trabalho.
"Art. 2º. Considera-se empregador a empresa, individual ou coletiva, que, assumindo os riscos da atividade econômica, admite, assalaria e dirige a prestação pessoal de serviços.
§ 1º. Equiparam-se ao empregador, para os efeitos exclusivos da relação de emprego, os profissionais liberais, as instituições de beneficência, as associações recreativas ou outras instituições sem fins lucrativos, que admitirem trabalhadores como empregados.
§ 2º. Sempre que uma ou mais empresas, tendo, embora, cada uma delas, personalidade jurídica própria, estiverem sob a direção, controle ou administração de outra, constituindo grupo industrial, comercial ou de qualquer outra atividade econômica, serão, para os efeitos da relação de emprego, solidariamente responsáveis a empresa principal e cada uma das subordinadas."
[213] Sergio Pinto Martins. *Direito Processual do Trabalho*. 14ª ed., Atlas, 2000, p. 65.
[214] É do entendimento do autor do presente livro, que o *jus postulandi* já não vigora entre nós, em face do previsto no artigo 133 da Constituição Federal: "O advogado é indispensável à administração da justiça, sendo inviolável por seus atos e manifestações no exercício da profissão, nos limites da lei."
[215] Wagner Giglio. Ob. cit., p. 68.
[216] Ob. cit., p. 68.

7.2. Os artigos 769 e 889 da CLT - aplicação subsidiária do processo comum e da lei de execuções fiscais no processo do trabalho

Ao tratar das lacunas e da completude do sistema no primeiro capítulo, objetivou-se encontrar respostas no sistema. Reitera-se, neste particular, a importância da interpretação sistemática: "a interpretação será dada ao dispositivo legal conforme a análise do sistema no qual está inserido, sem se ater à interpretação isolada de um dispositivo, mas a seu conjunto".[217]

Ora, assim como o Código de Processo Civil, a Consolidação das Leis do Trabalho também não prevê a exceção de pré-executividade. Ambos os diplomas têm previsão expressa acerca dos embargos à execução. Não obstante esta circunstância, cumpre esclarecer que a origem do instituto denominado "exceção de pré-executividade" está no Direito Processual Civil, como visto no capítulo 5. Assim, interpretando sistemática e axiologicamente as regras ora chamadas "portas de entrada" para o processo comum (civil), conclui-se que, se há possibilidade de aplicação deste direito processual civil no processo do trabalho para situações positivas, também haverá de aplicá-lo em situações negativas, ou seja, aquelas não previstas pelo processo comum. É o caso da exceção de pré-executividade, inclusive porque a norma que abre esta possibilidade não proíbe situações não positivadas, mas apenas situações incompatíveis.

A regra processual está prevista no artigo 769 da Consolidação das Leis do Trabalho: "Nos casos omissos, o direito processual comum será fonte subsidiária do direito processual do trabalho, exceto naquilo em que for incompatível com as normas deste Título." Neste sentido, a lição de Amauri Mascaro Nascimento:

---

[217] Ver Sergio Pinto Martins. *Direito do Trabalho*. 8ª ed. Atlas, 1999, p. 65.

"O direito processual comum é aplicável, subsidiariamente, no direito processual do trabalho. A CLT é a lei ordinária que rege o processo trabalhista...Duas são as condições, portanto, para a utilização do Código de Processo Civil nos processos trabalhistas. Primeiro, a omissão de leis trabalhistas. Segundo, além da omissão, a compatibilidade entre as normas processuais civis e as exigências do processo trabalhista.[218]

Na lição de Valentin Carrion:

"(...) ao processo laboral se aplicam as normas, institutos e estudos da doutrina do processo geral (que é o processo civil), desde que: a) não esteja aqui regulado de outro modo ('casos omissos', 'subsidiariamente'); b) não ofendam os princípios do processo laboral ('incompatível'); c) se adapte aos mesmos princípios e às peculiaridades deste procedimento; d) não haja impossibilidade material de aplicação (institutos estranhos à relação deduzida no juízo trabalhista); a aplicação de institutos não previstos não deve ser motivo para maior eternização das demandas e tem de adaptá-las às peculiaridades próprias".[219]

No caso da exceção de pré-executividade, o Direito Processual do Trabalho é omisso e, apesar de o Direito Processual Civil positivado também ser omisso, o instituto, oriundo da doutrina, tem tido notoriedade e aplicabilidade nos casos concretos. Também não há qualquer incompatibilidade do instituto com o processo laboral que, por sua vez, se adapta perfeitamente ao mesmo, conforme verificar-se-á no subcapítulo 7.3. Como tem sido registrado, não havendo liquidez, certe-

---

[218] Ver Amauri Mascaro Nascimento. *Curso de Direito Processual do Trabalho.* 12ª ed. Saraiva, 1990, p. 38.

[219] Ver Valentin Carrion. *Comentários à Consolidação das Leis do Trabalho.* 25ª ed. Saraiva, 2000, p. 557.

za ou exigibilidade do título executivo, não há falar em constrição de bens.
A regra aplicável à execução, contudo, é outra.

Dispõe o artigo 889 da Consolidação das Leis do Trabalho: "Aos trâmites e incidentes do processo de execução são aplicáveis, naquilo em que não contravierem ao presente Título, os preceitos que regem o processo dos executivos fiscais para a cobrança judicial da dívida ativa da Fazenda Pública Federal." Assim, a legislação imediatamente aplicável à execução trabalhista, quando houver omissão da Consolidação, é a Lei dos executivos fiscais (6.830), de 22 de setembro de 1980. Neste sentido é o entendimento de Carrion:

> "O procedimento dos executivos fiscais foi regulado pelo DL 960/38; depois pelo CPC de 1973; agora pela L. 6.830/80. Assim, a execução, quanto ao procedimento trabalhista, é regulada: a) em primeiro lugar, pelo que determinam a CLT e as leis específicas que a complementam (L. 5.584/70, DL 779/69, privilégio de atividades de entidades estatais, e DL 858/69, correção monetária em falência); b) em segundo lugar, e, subsidiariamente, pela mencionada L. 6.830/80, da cobrança da dívida pública, por remissão, do art. 889 da CLT; c) em terceiro lugar, pelo CPC (em virtude da remissão do art. 769 da CLT e da própria L. 6.830/80, cujo art. 1º remete àquele Código)".[220]

Ressalte-se que, acerca da execução trabalhista, além de não haver previsão sobre a exceção de pré-executividade na Consolidação das Leis do Trabalho, também não há nas Leis nº 5.584/70, Decreto-lei nº 779/69, Decreto-Lei nº 858/69 e Lei nº 6.830/80. Mais uma vez, utiliza-se sistematicamente resolver possível lacuna do

---

[220] Ob. cit., p. 718.

sistema, pela doutrina que, reitera-se, originariamente, tratou da exceção no processo civil.

A intenção de destacar as já denominadas "portas de entrada" para o direito processual positivo comum, foi deixar claro que, se é possível aplicar-se a exceção de pré-executividade no processo civil, também o será no processo do trabalho. Isto porque, como visto, não há princípios de direito material ou processual contrários à tese, não há direito positivo contrário à aplicabilidade e, finalmente, porque também no processo trabalhista existe a hipótese de haver execução sem título ou com título nulo. É o que será examinado nos próximos itens.

7.3. Títulos executivos judiciais e extrajudiciais no Processo do Trabalho

A doutrina juslaboralista nacional era uníssona no que diz respeito à inexistência de títulos executivos extrajudiciais no Processo do Trabalho. A interpretação seguia a antiga redação do artigo 876 da Consolidação das Leis do Trabalho.[221] Desta forma, a partir da vigência da Lei nº 9.958, de 13 de janeiro de 2000, que teve vigência 90 dias após a publicação, são títulos executivos trabalhistas as sentenças transitadas em julgado ou das quais não tenha havido recurso com efeito suspensivo, bem como os acordos não cumpridos, além dos ajustes de conduta e os termos de conciliação firmados perante

---

[221] Ver artigo 876 da CLT: "As decisões passadas em julgado ou das quais não tenha havido recurso com efeito suspensivo, e os acordos, quando não cumpridos; os termos de ajuste de conduta firmados perante o Ministério Público do Trabalho e os termos de conciliação firmados perante as Comissões de Conciliação Prévia serão executados pela forma estabelecida neste Capítulo."
A redação antiga do dispositivo era a seguinte: "As decisões passadas em julgado ou das quais não tenha havido recurso com efeito suspensivo, e os acordos, quando não cumpridos, serão executados pela forma estabelecida neste Capítulo."

as Comissões de Conciliação Prévia. Ressalte-se que os acordos de que trata a CLT são aqueles realizados e homologados em juízo, sendo, portanto, títulos executivos judiciais.

Com efeito, acerca da inexistência de títulos executivos extrajudiciais no Processo do Trabalho, Sergio Pinto Martins[222] leciona:

"Títulos executivos extrajudiciais não poderão ser cobrados na Justiça do Trabalho, como ocorre com cheques, notas promissórias, duplicatas, etc. Documentos que não sejam considerados como títulos executivos judiciais não serão também executados no processo do trabalho, servirão apenas como meio de prova, dando origem à reclamação comum. É o caso da ação monitória, pois no processo do trabalho os documentos dão ensejo à execução e a monitória tem essa característica. O correto é a parte ajuizar uma reclamação comum, juntando o documento pertinente e irá obter o título judicial. A execução na Justiça do Trabalho está adstrita, portanto às regras do artigo 876 da CLT, não sendo executados os títulos executivos extrajudiciais previstos no artigo 585 do CPC".

Reitera, por fim, que o título executivo extrajudicial não será considerado como título para a execução, ainda que não cumprido.[223]

Por outro lado, os termos de ajuste de conduta firmados perante o Ministério Público do Trabalho são títulos executivos extrajudiciais.

---

[222] Ob. cit., p. 530/531.

[223] Neste sentido, também Manoel Antonio Teixeira Filho. *Execução no Processo do Trabalho*. 6ª edição. LTr, 1998: "A declaração formulada pelo art. 583 do CPC, na parte em que se refere a título *extrajudicial*, não encontra ressonância no processo do trabalho, onde, por força de disposição expressa no art. 876 da CLT, somente são exeqüíveis os títulos *judiciais*, ..."

Considerando a regra de inexistência de certeza, liquidez ou exigibilidade do título executivo, a exceção de pré-executividade no processo do trabalho é cabível quando um acordo, pretensamente não cumprido e, portanto, à luz da legislação, título executivo judicial (eis que homologado em juízo), na verdade foi cumprido. Esta realidade, infelizmente, tem sido muito comum nos foros trabalhistas. Ocorre tal circunstância, quando as partes conciliam, estipulando que o(s) depósito(s) relativo(s) ao acordo será(ão) efetuado(s) na conta bancária do reclamante ou de seu advogado. Por desorganização do responsável pela conta, não há identificação do depósito, que na verdade, foi efetuado. Com a ata de audiência na mão, o reclamante requer a execução da parcela "vencida" e de eventuais parcelas vincendas. O juiz, que não sabe do pagamento, determina a citação do executado. Ao ser citado, o executado verifica que está sendo cobrado daquilo que já pagou. Assim, com prova cabal do pagamento (documento bancário), o executado peticiona ao juízo, informando que não há dívida e, portanto, não cabe execução. Não cabendo execução, não pode haver constrição dos seus bens. Esta petição é a exceção de pré-executividade utilizada nos processos laborais.

7.4. Lei nº 9.958, de 12 de janeiro de 2000

A Lei nº 9.958, de 12 de janeiro de 2000, inovou. Trouxe o título executivo extrajudicial para o âmbito do processo do trabalho. Referida lei foi publicada no Diário Oficial da União, em 13 de janeiro de 2000 e, por disposição expressa, passou a integrar o ordenamento jurídico, noventa dias após a sua publicação, ou seja, em 12 de abril de 2000.

À Consolidação das Leis do Trabalho foi anexado o Título VI-A que, nos artigos 625-A a 625-H e 877-A

(Título X), instituiu as comissões de conciliação prévia. O objetivo do legislador foi desafogar o Judiciário trabalhista.

Para tanto, facultou a instituição de comissões de conciliação prévia no âmbito das empresas, grupos de empresas e dos sindicatos (artigo 625-A e parágrafo único, da CLT), mas determinou que, onde houver sido instituída a comissão de conciliação prévia no âmbito da empresa ou do sindicato, qualquer demanda de natureza trabalhista será a ela submetida (artigo 625-D da CLT).

No que respeita ao objeto do presente trabalho, o artigo 625-E e parágrafo único, da Consolidação, dispõem que:

"Aceita a conciliação, será lavrado termo assinado pelo empregado, pelo empregador ou seu preposto e pelos membros da Comissão, fornecendo-se cópia às partes. Parágrafo Único. *O termo de conciliação é título executivo extrajudicial e terá eficácia liberatória geral, exceto quanto às parcelas expressamente ressalvadas.*" (grifamos)

O artigo 877-A da CLT dispõe que é competente para a execução de título executivo extrajudicial o juiz que teria competência para o processo de conhecimento relativo à matéria.

Comentando o tema, ensina Valentin Carrion:

"A inovação legal já é anseio de muito tempo e objetiva desafogar a Justiça do Trabalho, emprestando maior celeridade à solução dos conflitos sociais, antes mesmo de serem trazidos aos órgãos jurisdicionais, seguindo a sistemática já adotada pela CF/88, art. 114, para os dissídios coletivos.[224]

[224] A Instrução Normativa do Tribunal Superior do Trabalho nº 4/1993 dispõe que o dissídio coletivo só poderá ser instaurado após esgotadas todas as tentativas de solução autocompositiva do conflito. Ademais, sob pena de indeferimento da representação, devem ser juntadas com a inicial, todas as correspondências, registros e atas alusivas à negociação coletiva tentada previamente.

A exceção de pré-executividade nos
PROCESSOS CIVIL E DO TRABALHO

Além do mais, a autocomposição sempre a melhor forma de apaziguar os conflitos de interesses".[225]

Segundo Carrion,[226] a constituição das comissões de conciliação prévia é obrigatória, pois, embora o legislador utilize o termo "poderá" (art. 625-A), o artigo 625-D dispõe que qualquer demanda de natureza trabalhista será submetida à Comissão. Não concordamos com esta posição. A interpretação da lei faz crer que não há obrigatoriedade de instalar a Comissão de Conciliação Prévia, mas onde houver a referida comissão, obrigatoriamente as demandas de natureza trabalhista deverão a ela se submeter.

Com efeito, havendo um título executivo extrajudicial (termo de conciliação), abre-se a possibilidade de argüição de exceção de pré-executividade. O remédio será cabível quando, apesar da existência do título, não couber execução, por alguma das hipóteses que serão examinadas a seguir.

7.5. A exceção de pré-executividade no Processo do Trabalho

Chega-se no momento crucial da presente obra. Toda a construção de hipóteses e circunstanciais considerações até aqui realizadas tiveram o escopo de, neste último item do capítulo final, examinar a possibilidade de utilização da exceção de pré-executividade no processo do trabalho.

O destaque dado aos princípios de Direito Material e Processual do Trabalho objetivou demonstrar que, mesmo a visão protecionista desta área do direito não obsta o direito à discordância, por parte do executado, de um "título executivo" nulo ou inexistente.

---

[225] Ver Valentin Carrion. Ob. cit., p. 458.

[226] Ob. cit., p. 458.

O exame dos artigos 769 e 889 da Consolidação das Leis do Trabalho teve o objetivo de vislumbrar que, sendo possível a utilização da exceção de pré-executividade no processo civil, também o será no processo do trabalho.

Apontar os títulos executivos existentes no processo laboral, à luz do disposto no artigo 876 da CLT, visou a delimitar as possibilidades de utilização da oposição pré-processual. Com efeito, o instituto é aplicável tanto em títulos executivos judiciais (como por exemplo, acordo pretensamente impago), quanto em títulos executivos extrajudiciais (termo de conciliação firmado perante a Comissão de Conciliação Prévia).

Como já foi afirmado neste trabalho, a doutrina juslaboralista pouco tem escrito sobre a exceção de pré-executividade. A jurisprudência acerca do tema também é incipiente. Ainda assim, existem algumas decisões reconhecendo o instituto.[227]

Dentre nós, o autor que deu maior destaque ao tema foi Manoel Antonio Teixeira Filho.[228] Ao discorrer sobre o assunto, o mestre paranaense aponta as regras do direito positivo, as quais determinam que o devedor, para opor embargos à execução, deverá garantir patrimonialmente o juízo.[229] Além do artigo 884, *caput*, da CLT, a imposição é formulada pelos artigos 737 do CPC, e 16, § 1º, da Lei nº 6.830, de 22/09/90 (Lei de Execuções Fiscais).

Teixeira Filho entende aplicar-se no Direito Processual do Trabalho a exceção de pré-executividade:

---

[227] "929319 – PROCEDIMENTO – Exceção de pré-executividade. Traduz forma excepcional de defesa sem garantia do juízo logo após a decisão homologatória, desde que provada de forma clara a existência de erro material ou outra espécie de erronia que resulte em apuração de valores exorbitantes impossibilitando a normal defesa por embargos face à ausência de patrimônio capaz de garantir a instância." (TRT 2ª R. – Ac. 19990382576 – 5ª T. – Rel. Juiz Francisco Antonio de Oliveira – DOESP – 13.08.1999).

[228] "Execução no Processo do Trabalho", LTr, 6ª ed., 1998.

[229] Ob. cit., p. 567.

"De algum tempo, entretanto, vem adquirindo certo prestígio, nos sítios da doutrina do processo civil, a tese da *exceção de pré-executividade*, que consiste, em sua essência, na possibilidade de o devedor alegar determinadas matérias, sem que, para isso, necessite efetuar a garantia patrimonial da execução".[230]

Como já vem sendo defendido durante a construção das hipóteses apontadas no curso do trabalho, Teixeira Filho entende que:

"... a referida *exceção* se destina, fundamentalmente, a impedir que a exigência de prévio garantimento patrimonial da execução possa representar, em situações especiais, obstáculo intransponível à *justa defesa* do devedor, como quando pretenda alegar nulidade do título judicial; prescrição intercorrente; garantimento da dívida; ilegitimidade ativa e o mais. É importante assinalar, portanto, que a *exceção de pré-executividade* foi concebida pela doutrina para atender a situações verdadeiramente *excepcionais*, e não para deitar por terra, na generalidade dos casos, a provecta imposição legal da garantia patrimonial da execução, como pressuposto para o oferecimento de embargos, pelo devedor"[231] [232]

Neste diapasão, continua Teixeira Filho:

"Entretanto, não podemos ignorar a existência, também no processo do trabalho, de situações *especiais*, em que essa imposição de garantimento patrimonial da execução poderá converter-se em causa de gritante injustiça, como quando o devedor pre-

---

[230] Ob. cit., p. 568.

[231] Ob. cit., p. 568.

[232] É de se ressaltar que a obra de Manoel Antonio Teixeira Filho, ora consultada, é de edição de 1998 e, portanto, não há menção a título executivo extrajudicial – termo de conciliação firmado pela Comissão de Conciliação Prévia, criada pela Lei nº 9.958/00.

tende argüir, digamos, *nulidade*, por não haver sido, comprovadamente citado para a execução".[233]

Neste aspecto, é importante destacar que, não havendo citação correta, não haverá relação jurídica processual executiva. É de se registrar a posição de Teixeira Filho, ao defender a exceção de pré-executividade no processo trabalhista, mormente no que respeita aos princípios fundamentais deste. Mais uma vez ressalta a importância de, na parte inicial deste capítulo, destacar os princípios específicos do Direito Material e do Direito Processual do Trabalho. Esta circunstância tem a intenção de demonstrar que admitir a exceção de pré-executividade no processo do trabalho não significa renunciar a seus princípios basilares. Neste sentido, Teixeira Filho:

"Sendo assim, nada obsta a que o processo do trabalho, sem renunciar a seus princípios ideológicos e à sua finalidade, admita, em situações verdadeiramente extraordinárias, *independentemente de embargos* – e, em conseqüência, de *garantia patrimonial do juízo* -, alegações de: nulidade da execução; pagamento; transação; prescrição (intercorrente);[234]

---

[233] Ob. cit., p. 569.

[234] Na lição de Martins, "a prescrição a ser examinada na execução também só pode ser a posterior À sentença. Trata-se da prescrição intercorrente que também pode ser veiculada nos embargos...É o caso do processo ficar parado na fase de execução por muito tempo. Não se trata da prescrição que deva ser alegada na fase de conhecimento, mas de prescrição ocorrida na fase de execução, posteriormente à sentença. O STF afirma que 'prescreve a execução no mesmo prazo da prescrição da ação' (Súmula 159)...A Súmula nº 327 do STF dispõe que 'o direito trabalhista admite a prescrição intercorrente', porém essa orientação não é observada no processo do trabalho...O artigo 40 da Lei nº 6.830/80 dispõe que 'o juiz suspenderá o curso da execução, enquanto não for localizado o devedor ou encontrados bens sobre os quais possa recair a penhora e, nesses casos, não correrá o prazo da prescrição'. Caso a qualquer tempo forem encontrados bens ou o devedor, a execução seguirá seu curso novamente (§ 3º do art. 40 da Lei nº 6.830/80). Com base nessas orientações o TST editou o Enunciado nº 114: 'é inaplicável na Justiça do Trabalho a prescrição intercorrente'...A prescrição de que fala o § 1º do artigo 884 da CLT só pode ser, porém, a prescrição intercorrente, quando a

novação – enfim, envolventes de outras matérias dessa natureza, capazes, muitas delas, de extinguir a execução, se acolhidas".[235]

Ainda, tal como tem sido defendido neste trabalho, a comprovação de inexistência de liquidez, certeza ou exigibilidade do título executivo, deve ser expressa, cabal e indiscutível. Do contrário, seria o caso de constrição de bens e, por conseqüência, oposição de embargos à execução. Neste sentido, Teixeira Filho:

"É elementar que essas alegações deverão ser cabalmente comprovadas, *desde logo*, sob pena de o uso da *exceção de pré-executividade*, contravindo as razões de sua concepção doutrinária, converter-se em expediente artificioso do devedor para evitar a penhora de seus bens. Com efeito, se o devedor desejar provar, mais adiante, os fatos em que funda a sua alegação, ou matéria jurídica que pretenda suscitar exigir elevada reflexão, ou ser controvertida, então deverá valer-se dos embargos, a que faz referência o art. 884, *caput*, da CLT, pois este: a) comporta uma fase cognitiva incidental, que pode envolver *fatos* (CPC, art. 740, *caput*); b) é o foro apropriado para reflexões mais aprofundadas...Estamos a afirmar, portanto, que a *exceção de pré-executividade* só deverá ser aceita quando calcada em prova documental previamente constituída, à semelhança do que se passa em tema de ação de segurança, e desde que não exija, para a apreciação da matéria, investigações em altas esferas".[236]

---

parte vai alegá-la nos embargos. Assim, se a própria CLT regula a matéria, não há como se aplicar a Lei nº 6.830/80. No entanto, a posição que prevalece na Justiça do Trabalho é a do Enunciado nº 114 do TST. Mesmo em se tratando de prescrição intercorrente, o juiz não pode declará-la de ofício, devendo haver provocação do executado (§ 5º do artigo 219 do CPC). (Sergio Pinto Martins. *Direito Processual do Trabalho*. 14ª ed. Atlas, 2000, p. 601).

[235] Ob. cit., p. 570.

[236] Idem, ibidem.

Em sentido contrário, a posição de Sergio Pinto Martins. Inicialmente, o mestre paulista discorda da denominação utilizada. Entende que para o instituto sob análise, a melhor denominação seria pré-executividade.[237] Aduz Martins:

"Não se pode falar em exceção de pré-executividade, pois esta, no sistema processual brasileiro, diz respeito a impedimento, suspeição ou incompetência, suspeição ou incompetência e não outras hipóteses...O termo *oposição* é incorreto, visto que diz respeito à modalidade de intervenção de terceiros...Melhor falar apenas em pré-executividade...A natureza jurídica da pré-executividade é de defesa, sem que haja constrição no patrimônio do devedor, que não precisará garantir a execução para apresentar suas alegações...A pré-executividade não é compatível com o processo do trabalho. Neste, o revel é intimado da sentença (art. 852 da CLT), podendo apresentar recurso ordinário. A CLT exige garantia do juízo para a apresentação de embargos (art. 884 da CLT). Serve a pré-executividade para fazer certas alegações, sem garantia do juízo. O prazo para o requerimento da pré-executividade é no período de 48 horas da citação para a garantia do juízo (art. 880 da CLT). A matéria argüível refere-se a vícios ou defeitos processuais. Se o juiz, por exemplo, acolher a exceção e extinguir o processo, caberá agravo de petição, pois trata-se de decisão em que o juiz analisará o mérito da execução. De decisões interlocutórias não caberá recurso".[238]

A denominação "exceção de pré-executividade", ainda que tecnicamente não seja a mais adequada,[239] tem

---

[237] Sergio Pinto Martins. *Direito Processual do Trabalho*. 14ª ed. Atlas, 2000.

[238] Ob. cit., p. 592.

[239] Neste sentido é o entendimento adotado no capítulo 6, quando examinada a natureza jurídica da exceção de pré-executividade.

sido adotada há mais de três décadas pela doutrina e pela jurisprudência. O termo "oposição" tem o objetivo de caracterizar o ato do executado, de *opor-se* à execução por ausência de certeza, liquidez ou exigibilidade. Efetivamente, a natureza jurídica da exceção de pré-executividade é de defesa.[240] Entendemos, assim, pelas razões já expostas, que o instituto é compatível com o processo do trabalho. O prazo ou oportunidade para a oposição da exceção, no nosso entendimento, como já examinado no capítulo 6, item 6.5, é todo o período havido entre o pedido do autor e a eventual constrição de bens, ou seja, não há um prazo fixo – até por inexistência de disposição legal – para opor exceção de pré-executividade. Destarte, não se aplica à exceção de pré-executividade o prazo previsto no artigo 880 da CLT.

Com efeito, sendo cabível a aplicação do instituto da exceção de pré-executividade no Direito Processual do Trabalho, também subsidiariamente, à luz dos artigos 769 e 889 da CLT, aplicam-se-lhe o conceito, a natureza jurídica, a oportunidade ou prazo do exercício, a legitimidade, a forma, as matérias argüíveis e efeitos e os atos praticados pelo juiz.[241]

A diferença entre a exceção de pré-executividade aplicada ao processo civil e a exceção de pré-executividade aplicada ao processo do trabalho, resume-se às custas, aos honorários advocatícios e ao recurso.

No que diz respeito às custas e aos honorários advocatícios, duas circunstâncias legais devem ser examinadas. Do lado do exeqüente (reclamante), havendo a concessão do benefício da justiça gratuita (artigo 789, § 9º, da CLT[242]) ou da assistência judiciária gratuita

---

[240] A propósito, veja-se o capítulo 6 do presente livro, quando examinada a natureza jurídica da exceção de pré-executividade.

[241] Ver capítulo 6.

[242] Esta é a redação do referido dispositivo legal: "Art. 789. Nos dissídios individuais ou coletivos do trabalho, até o julgamento, as custas serão

(artigo 14 da Lei nº 5.584/70[243]), não serão devidas as custas. Esta concessão deve constar do comando sentencial da fase de cognição, já transitado em julgado ou em execução provisória. Em função do princípio protetivo do processo trabalhista, o exeqüente (reclamante), ainda que sucumbente, não deve honorários advocatícios ao executado. Do lado do executado (reclamado), sempre que o mesmo tiver sucumbido, ainda que parcialmente, será condenado ao pagamento de custas. Os honorários de assistência judiciária, e não advocatícios, somente serão devidos em caso de, além de haver sucumbido, o exeqüente estiver assistido por advogado credenciado pelo seu sindicato de classe (artigo 16 da Lei nº 5.584/70). Deve ser registrado, por fim, que em qualquer das hipóteses, as custas e honorários porventura existentes serão apenas e tão-somente aqueles fixados por ocasião da sentença da fase de conhecimento, transitada em julgado ou em execução provisória.

No que diz respeito aos recursos, o destaque deve ser feito porque a sistemática recursal do processo do trabalho difere da sistemática recursal do processo civil.

Ainda que em ambos os casos o ato praticado pelo juiz seja o de "decidir", os efeitos desta decisão poderão diferir em um e noutro caso.

Já foi examinado no capítulo 6, item 6.9, que, acolhendo a exceção de pré-executividade, o juiz estará proferindo sentença e, negando-a, estará proferindo uma decisão interlocutória (artigo 162, § 2º, do CPC). Como igualmente já foi visto (item 6.11), no processo

---

calculadas progressivamente, de acordo com a seguinte tabela: ...
§ 9º. É facultado aos presidentes dos tribunais do trabalho conceder, de ofício, o benefício da justiça gratuita, inclusive quanto a traslados e instrumentos, àqueles que perceberem salário igual ou inferior ao dobro do mínimo legal, ou provarem o seu estado de miserabilidade."

[243] A redação é a seguinte:
"Art. 14. Na Justiça do Trabalho, a assistência judiciária a que se refere a Lei nº 1.060, de 05 de fevereiro de 1950, será prestada pelo sindicato da categoria profissional a que pertencer o trabalhador."

civil, o recurso cabível de decisão interlocutória é o agravo de instrumento (artigo 522 do CPC). No processo do trabalho, ao não admitir a exceção de pré-executividade, o juiz também estará proferindo uma decisão interlocutória (artigo 162, § 2º, do CPC, combinado com os artigos 769, 889 e 893, § 1º, da CLT). A redação do artigo 893 consolidado é a seguinte:

> "Das decisões são admissíveis os seguintes recursos:
> I – embargos;
> II – recurso ordinário;
> III – recurso de revista;
> IV – agravo.
> § 1º. Os incidentes do processo são resolvidos pelo próprio Juízo ou Tribunal, admitindo-se a apreciação do merecimento das decisões interlocutórias somente em recursos de decisão definitiva."

Com efeito, a exceção de pré-executividade é um incidente processual, e a decisão que a nega é interlocutória. Assim, ao contrário do que ocorre no processo civil, não sendo admitida a oposição pré-processual, não haverá recurso imediato contra a decisão.[244] Para estes

---

[244] Assim já decidiu do TRT da 2ª Região: "933830 – DESPACHO DENEGATÓRIO DE SEGUIMENTO A AGRAVO DE INSTRUMENTO INTERPOSTO CONTRA INDEFERIMENTO DE EXCEÇÃO DE PRÉ-EXECUTIVIDADE – Inexistência de tumulto ou subversão à ordem processual. O despacho que denegou seguimento ao Agravo de Instrumento, por incabível, não gerou tumulto ou subversão à boa ordem processual, vez que sua interposição não é decorrente de despacho que indeferiu processamento de recurso, na medida em que a Exceção de Pré-Executividade, de incidência excepcional no processo do trabalho, constitui mero incidente da execução e, via de conseqüência, a decisão que a indefere é de natureza interlocutória e nos termos do estatuído pelo § 1º, do art. 893, da CLT, não desafia a interposição de Agravo de Instrumento. O cabimento deste está limitado aos despachos que denegaram a interposição de recurso, na forma do disposto pelo art. 897, alínea *b*, do Diploma Consolidado e da Instrução Normativa nº 06/96, do C. TST – Correição Parcial julgada improcedente." (TRT 2ª R. – CPar 551/98 – Proc. 914/96 – 50ª JCJ/SP – Rel. Juíza Maria Aparecida Pellegrina – DOESP 18.12.1998).

casos, o cotidiano forense do processo laboral, com aceitação da doutrina e da jurisprudência, criou o que se convencionou chamar de "protesto antipreclusivo".

"Protesto", porque a parte não concorda com a decisão do juiz, e "antipreclusivo", para que não fique caracterizada a concordância tácita em relação ao ato praticado pelo magistrado. O protesto antipreclusivo deve ser feito no primeiro momento em que a parte tem oportunidade de se manifestar nos autos, após a decisão judicial. Quando o juiz acatar a exceção de pré-executividade, ele estará proferindo sentença, extinguindo o processo de execução. No processo do trabalho, o recurso cabível desta decisão é o "agravo de petição". Assim dispõe o artigo 897, a, da CLT: "Art. 897. Cabe agravo, no prazo de 8 (oito) dias: a) de petição, das decisões do juiz ou Presidente, nas execuções;".

Assim, retornando à decisão que não acolheu a exceção de pré-executividade, após o "protesto antipreclusivo", a ordem legal será, após a segurança do juízo, a oposição de embargos à execução (artigo 884 da CLT) e, da decisão dos embargos (artigo 884, § 4º, da CLT), caso contrária aos interesses do embargante, caberá agravo de petição (artigo 897, a, da CLT).[245]

---

[245] Nesse sentido, a jurisprudência:
"AGRAVO DE PETIÇÃO – EXCEÇÃO DE PRÉ-EXECUTIVIDADE – CABIMENTO NO PROCESSO DO TRABALHO – HIPÓTESES – NATUREZA DA DECISÃO PROLATADA.
Admite-se a utilização da exceção de pré-executividade, no processo do trabalho, sem a exigência da garantia do juízo, para atender a situações verdadeiramente excepcionais e especialíssimas, nas quais se discutam as condições da ação, os pressupostos de constituição e desenvolvimento válido e regular do processo, bem como outras questões que impliquem nulidade absoluta do processo executivo ou sua própria extinção e, ainda, matérias de mérito que importem em prejuízo definitivo à execução, tais como o pagamento, transação ou quitação dos débitos em execução. Em não se constatando as hipóteses acima elencadas, a via processual deve ser os embargos à execução, com a regular garantia do juízo da execução. Em sendo acolhida a exceção de pré-executividade, com a extinção do processo de execução trabalhista, o AP será o recurso cabível. Todavia, se rejeitado

---

A exceção de pré-executividade nos
PROCESSOS CIVIL E DO TRABALHO

Por fim, reitera-se que o cabimento da exceção de pré-executividade no processo do trabalho, discute tal como no processo civil, a existência do título executivo. Com efeito, isto pode ocorrer tanto em relação a títulos executivos judiciais (sentença transitada em julgado ou executada provisoriamente e termo de acordo homologado em juízo), quanto em relação a títulos executivos extrajudiciais (termo de acordo oriundo da Comissão de Conciliação Prévia).

---

esse incidente da execução, dada a natureza de decisão interlocutória, nenhum recurso trabalhista pode ser admitido. No processo do trabalho, o cabimento do AP é restrito às decisões terminativas ou definitivas nas execuções (CLT, art. 897, *a*). É pbrigação dos juízos de primeiro grau negar seguimento a AP que não atendam os requisitos legais. Tal procedimento representa apenas a observância do devido processo legal, bem como atende ao princípio da celeridade processual, e, ainda, obsta a utilização de recursos com características dos procedimentos que visam protelar a execução.
TRT 23ª R. – AP 1810/2000 – Ac. TP 2594/2000 – Rel. Conv. Juiz Bruno Weiler – DJMT – 17/11/2000.
(Síntese Trabalhista nº 143, maio/2001, p. 59)

8. Conclusão

Ao delimitar-se o tema, buscou-se, desde logo, apontar situações por vezes incoerentes no sistema. Com efeito, admitir que uma relação processual executiva irregular, viciada, nula ou, à luz da realidade, inexistente, se concretize com a citação e a penhora, para somente a partir deste momento, o executado apresentar defesa, foge ao pretendido ideal de justiça. Então, por que haver constrição de bens? Que outra(s) alternativa(s) pode ter o executado quando estão ausentes os pressupostos para executar? Esta não é uma incoerência do sistema?

A delimitação do objeto investigado teve o objetivo de demonstrar que, ainda que o direito positivo não encontre respostas para determinadas situações, o sistema há de encontrá-las. Aqui, o enfoque se deu no problema da ausência de certeza, liquidez ou exigibilidade do título executivo.

Há que se ressaltar, ainda, o fato de que o exame do objeto investigado se deu a partir da origem doutrinária do mesmo em uma área do direito: o processo civil. A pretensão, contudo, foi a de verificar se há "portas de entrada" para que a situação aqui analisada (exceção de pré-executividade), encontre guarida no sistema processual trabalhista. Nesse passo, o caminho da investigação obedeceu a uma metodologia: o exame das lacunas e, para solucioná-las, a interpretação sistemática.

Há lacunas no sistema? No que diz respeito à matéria aqui examinada, como resolver o problema das lacunas? A conclusão é a de que o sistema, por ser aberto, sempre encontra respostas nele e fora dele. Resolver o problema da execução quando ausentes os requisitos para tanto, demonstra que o sistema é sábio. Por que haver previsão legal de defesa do executado quando ausentes a certeza, exigibilidade e liquidez do título? Neste caso, por que constrição de bens? Não basta que o juiz identifique o problema? Bem, se não for possível que o juiz o faça, deve o executado apontar a irregularidade.

Esta premissa é utilizada também no processo do trabalho, porque a Consolidação das Leis do Trabalho abre esta porta.

Para melhor identificar o tema e as respostas encontradas no sistema, separar a fase de conhecimento da fase de execução no processo é fundamental. Também à luz da delimitação do tema, não se poderia pretender aprofundar o processo de conhecimento. O problema aqui identificado diz respeito apenas e tão-somente à execução.

Enquanto no processo de conhecimento o juiz decide, no processo de execução ele realiza. Este "realizar", contudo, não deixa de ser decisão.

Se o juiz decide no processo de execução, é porque o contraditório também existe no processo de execução, a despeito do que se discuta na doutrina acerca desta circunstância.

A Constituição Federal assegura o contraditório e a ampla defesa, no artigo 5º, inciso LV. Nesta perspectiva, deve-se considerar a hipótese em qualquer fase do processo, ainda mais quando se trata de título executivo extrajudicial ilíquido, incerto ou inexigível. Se o contraditório diz respeito a tais requisitos, não há por que depender da penhora para apresentar a defesa.

Quando se examina a execução, deve-se levar em conta que, para realizá-la, é necessário que existam certos requisitos. No nosso ordenamento jurídico, estes requisitos estão previstos nos artigos 580 e seguintes do Código de Processo Civil, na Lei nº 6.830/80 (Execuções Fiscais) e na Consolidação das Leis do Trabalho. Com efeito, onde houver omissão na lei processual trabalhista, aplica-se subsidiariamente a Lei de Execuções Fiscais e o Código de Processo Civil, nos termos dos artigos 769 e 889 da CLT. No que diz respeito aos requisitos necessários a toda execução, aplicam-se, no processo laboral, as regras do diploma processual comum: há que existir um título executivo judicial ou extrajudicial, definidos pela lei como tal e o inadimplemento do devedor. Inexistindo algum dos requisitos, não cabe execução e não deve haver penhora. Ora, se o pretenso título é nulo ou inexistente, ou, ainda, se o devedor adimpliu o seu débito e, por qualquer motivo, o credor não constatou o pagamento, efetivamente não cabe execução. Não cabendo execução, não há falar em constrição de bens. Por fim, não havendo constrição de bens, a defesa (ataque) a ser utilizada pelo executado, não será por embargos à execução.

Com efeito, se há execução – considerados como válidos e existentes os requisitos necessários a toda execução –, o devedor deverá garantir o juízo para discuti-la. Esta é a regra vigente no sistema processual brasileiro, seja para a execução no processo civil, seja para a execução fiscal, seja para a execução trabalhista.

Somente após garantir o juízo é que o devedor lançará mão do remédio que o sistema lhe proporciona, no caso, a ação de embargos do devedor. E, na medida em que os embargos têm natureza jurídica de ação, é neles que haverá defesa do exeqüente (impugnação aos embargos) e produção de provas, para que o juiz possa decidir. O que o sistema proporciona ao devedor, portanto, é um contra-ataque através de uma outra ação (embargos do devedor). Para tanto, deve haver o que se chama de garantia do juízo, ou seja, o devedor deve depositar o valor ou indicar um bem à penhora para produzir a sua defesa (ataque).

Ora, se o sistema garante ao devedor a ação de embargos, o que deve fazer aquele que não deve, mas que é réu em ação de execução?

Foi para dirimir flagrante injustiça que a doutrina concebeu, através do emérito jurista Francisco Cavalcanti Pontes de Miranda, a possibilidade de o executado opor-se à execução, sem necessidade de constrição dos seus bens. Desde então, há quase quarenta anos, o tema vem sendo discutido pela doutrina, pela jurisprudência, e inclusive pela academia.

Como já mencionado, se até hoje não há previsão na lei para a exceção de pré-executividade, é porque sabiamente o sistema tem achado desnecessária a sua positivação legal. O fato ocorre porque, se efetivamente não há certeza, liquidez ou exigibilidade do título, o juiz constatará a irregularidade desde logo e, se não o fizer, o executado apenas vai lembrá-lo, provando cabal e inequivocamente as suas alegações.

É, portanto, a exceção de pré-executividade uma forma de defesa do devedor, comprovando a existência do contraditório no processo de execução.

Na medida em que não há previsão legal para a exceção de pré-executividade, inexiste prazo para a sua oposição. O que se chama de oportunidade do exercício por parte do executado poderá ocorrer em qualquer momento, desde o pedido do autor, até a constrição de bens.

São partes legítimas para opor a exceção de pré-executividade, tanto o executado, como o terceiro interessado. Basta que exista irregularidade na execução e que alguém tenha interesse jurídico em demonstrá-la ao juiz.

A forma de oposição da exceção de pré-executividade será a simples petição, devendo, em qualquer hipótese, o oponente juntar desde logo a prova da pretensa irregularidade.

A matéria a ser argüida deverá apontar, de forma objetiva, o vício existente que, por decisão do juiz, suspenderá a execução. Acolhendo a exceção, o juiz estará proferindo sentença de extinção da execução. Não acolhendo, o juiz estará proferindo decisão interlocutória. Na sentença, a parte sucumbente (exeqüente) arcará com as custas processuais e os honorários advocatícios da parte contrária.

No processo comum, da sentença caberá apelação e da decisão interlocutória, caberá agravo de instrumento.

Destarte, entende-se que o instituto da exceção de pré-executividade é de fundamental importância para que não ocorram injustiças. Para evitar interesse protelatório e de evidente má-fé, contudo, a exceção de pré-executividade deve demonstrar de forma absolutamente inequívoca, que o título não está revestido de liquidez, certeza e exigibilidade. Havendo necessidade de algum aprofundamento ou de produção de prova que não possa ser apresentada desde logo, o procedimento deverá ser o da garantia do juízo para posterior oposição de embargos à execução.

A intenção de investigar o instituto da exceção de pré-executividade não ficou limitada ao processo civil. Como já foi demonstrado, a delimitação do objeto e a metodologia da interpretação sistemática aqui utilizadas, tiveram como objetivo buscar respostas para dois problemas: A exceção de pré-executividade no processo civil, a despeito da inexistência de previsão legal, e a sua aplicabilidade também no processo do trabalho, mesmo sem previsão legal, mas por aplicação subsidiária da regra adjetiva comum, tendo como porta de entrada o comando insculpido na Consolidação das Leis do Trabalho.

O texto consolidado aduz que, havendo omissão da lei processual trabalhista, aplicar-se-á subsidiariamente o direito processual comum, naquilo em que este não for incompatível com aquela. Da mesma forma, na execução. Apenas que, nesta fase, a subsidiariedade primária encontra guarida na Lei de Execuções Fiscais (Lei nº 6.830/80), e, somente, após, é que o Código de Processo Civil será utilizado.

O último capítulo inicia com a exposição dos princípios básicos do Direito Material e Processual do Trabalho. O objetivo de apontar o caráter protetor e tutelar desta área do direito é demonstrar que não há incompatibilidade da mesma com o instituto da exceção de pré-executividade. Também aqui podem ocorrer, e ocorrem, execuções com ausência dos requisitos legais de existência e validade. Apontar os títulos executivos existentes no processo do trabalho, à luz do previsto no artigo 876 da CLT, tem por objetivo delimitar as possibilidades e demonstrar que podem ocorrer vícios de natureza processual. A recente Lei nº 9.958/00 trouxe uma novidade ao processo do trabalho: o título executivo extrajudicial. Com efeito, foi aberta mais uma possibilidade para a ocorrência de irregularidades nas execuções.

Por fim, e esta é a exata intenção, o exame detido e a conclusão de que a exceção de pré-executividade no processo do trabalho é perfeitamente cabível e compatível.

No particular, os aspectos relativos à denominação, conceito, natureza jurídica, oportunidade, legitimidade, forma, matérias argüíveis, efeitos, procedimento e ato praticado pelo juiz são os mesmos ocorrentes no processo comum.

Diferem as custas e os honorários, em face do princípio protetor e dos institutos do benefício da justiça gratuita e da assistência judiciária gratuita.

Por fim, em face de a sistemática recursal ser distinta, os recursos aplicáveis às possíveis decisões são outros. Acolhida a exceção de pré-executividade e, por conseqüência, extinta a execução por sentença, o recurso cabível será o agravo de petição, no prazo de oito dias, conforme o artigo 897, alínea *a*, da Consolidação das Leis do Trabalho. Não sendo acolhida a exceção, haverá decisão interlocutória, contra a qual não há recurso imediato no processo do trabalho (artigo 893, § 1º, da Consolidação das Leis do Trabalho).

A reflexão, as pesquisas e a construção de hipóteses levadas a cabo no presente trabalho apontam para a seguinte conclusão: a exceção de pré-executividade é um incidente processual cabível no processo civil e também no processo do trabalho, com que é absolutamente compatível.

Referências bibliográficas

ALEXY, Robert. *Teoria de los Derechos Fundamentales*. Madrid: Centro de Estudios Constitucionales, 1993.

ANDRADE, Christiano José de. *O problema dos métodos da interpretação jurídica*. São Paulo: Editora Revista dos Tribunais, 1992.

ANTUNES, Mariana Tavares. *A Exceção de Pré-Executividade e os Recursos cabíveis de seu indeferimento e de seu acolhimento, in recursos Cíveis de acordo com a Lei 9.756/98*.

ARISTÓTELES. *A Política*. São Paulo: Martins Fontes, 1991.

———. Tradução de Mário da Gama Kury. *Ética a Nicômacos*. 3. ed., Brasília: UnB, 1985.

———. Tradução de Francisco Murari Pires. *A Constituição de Atenas*. São Paulo: Editora Hucitec, 1995.

ARNAUD, André-Jean. Tradução de Wanda de Lemos Capeller e Luciano Oliveira. *O Direito traído pela Filosofia*. Porto Alegre: Fabris, 1991.

ASSIS, Araken de. *Comentários ao Código de Processo Civil – Volume VI – arts. 566 a 645*. Rio de Janeiro: Forense, 1999.

———. *Manual do Processo de Execução*. 4. ed., São Paulo: Editora Revista dos Tribunais, 1997.

BARBI, Celso Agrícola. *Comentários ao Código de Processo Civil, Volume I*. Rio de Janeiro: Forense, 1981.

BARBOSA MOREIRA, José Carlos. *O Novo Processo Civil Brasileiro*. 18. ed., Rio de Janeiro: Forense, 1996.

BARROS, Alice Monteiro de. *Compêndio de Direito Processual do Trabalho – obra em memória de Celso Agrícola Barbi*. São Paulo: LTr, 1998.

BARROSO, Luís Roberto. *Constituição da República Federativa do Brasil anotada e legislação complementar*. São Paulo: Saraiva, 1998.

BASTIAT, Frédéric. *A Lei*. Rio de Janeiro: José Olympio Editora, 1987.

BASTOS, Celso Ribeiro. *Curso de Direito Constitucional*. 20. ed., São Paulo: Saraiva, 1999.

BATALHA, Wilson de Souza Campos. *Tratado de Direito Judiciário do Trabalho*. São Paulo: LTr, 1977.

BOBBIO, Norberto. *Teoria do Ordenamento Jurídico*. 7. ed. Brasília: UnB, 1996.

——; MATTEUCCI, Nicola e PASQUINO, Gianfranco. *Dicionário de Política, Vols. 1 e 2*. 8. ed., Brasília: UnB, 1995.

——. *A Teoria das Formas de Governo*. 7. ed. Brasília: UnB, 1994.

——. *Igualdade e Liberdade*. Rio de Janeiro: Ediouro, 1995.

——. *Liberalismo e Democracia*. 6. ed. São Paulo: Editora Brasiliense, 1994.

——. Tradução de Márcio Pugliese. *O positivismo jurídico (Lições de Filosofia do Direito)*. São Paulo: Ícone, 1995.

BOJUNGA, Luiz Edmundo Appel. *A Exceção de Pré-Executividade*. Revista AJURIS.

BONAVIDES, Paulo. *Curso de Direito Constitucional*. 6. ed. São Paulo: Malheiros, 1996.

CANARIS, Claus-Wilhelm. Tradução de A. Menezes Cordeiro. *Pensamento Sistemático e Conceito de Sistema na Ciência do Direito*. Lisboa: Fundação Calouste Gulbenkian, 1989.

CANOTILHO, José Joaquim Gomes. *Direito Constitucional*. 6. ed. Coimbra: Almedina, 1993.

CARNELUTTI, Francesco. *Sistema del Diritto Processuale Civile II – Atti del processo*. Padova: CEDAM – Casa Editrice Dott. Antonio Milani, 1938.

CARRION, Valentin. *Comentários à Consolidação das Leis do Trabalho*. 25. ed. São Paulo: Saraiva, 2000.

CHIOVENDA, Giuseppe. *Instituições de Direito Processual Civil – Volume I*. Campinas: Bookseller Editora e Distribuidora, 1998.

——. *Instituições de Direito Processual Civil – Volume III*. Campinas: Bookseller Editora e Distribuidora. 1998.

CRETELLA Jr., José. *Curso de Filosofia do Direito*. São Paulo: José Bushatsky Editor, 1967.

COUTURE, Eduardo. *Fundamentos del Derecho Procesal Civil*. Buenos Aires: Depalma, 1958.

DALL'AGNOL, Jorge Luís. *Pressupostos Processuais*. Porto Alegre: Letras Jurídicas Editora Ltda., 1988.

DINAMARCO, Cândido Rangel. *A reforma do Código de Processo Civil*. 2. ed. São Paulo: Malheiros, 1995.

——. *Execução Civil*. 3. ed. São Paulo: Malheiros, 1993.

DINIZ, Maria Helena. *As lacunas no Direito*. 4. ed. São Paulo: Saraiva, 1997.

——. *Norma Constitucional e seus efeitos*. 2. ed. São Paulo: Saraiva, 1992.

DONATO, Jorge D. *Juicio Ejecutivo*. 3. ed. Buenos Aires: Editorial Universidad, 1997.

EHRLICH, Eugen. Tradução de René Ernani Gertz. *Fundamentos da Sociologia do Direito*. Brasília: UnB.

ENTERRÍA, Eduardo Garcia. *Reflexiones sobre la ley y los principios generales del derecho*. Madrid: Editorial Civitas, 1984.

FALCÃO, Raimundo Bezerra. *Hermenêutica*. São Paulo: Malheiros, 1997.

FERREIRA, Aurélio Buarque de Holanda. *Novo dicionário da língua portuguesa*. 2. ed. Rio de Janeiro: Editora Nova Fronteira.

FERREIRA, Carlos Renato de Azevedo. "Exceção de Pré-Executividade". *RT nº 657*, 1990.

FERREIRA FILHO, Manoel Gonçalves. *Curso de Direito Constitucional*. 22. ed. São Paulo: Saraiva, 1995.

FRANÇA, R. Limongi. *Hermenêutica jurídica*. 6. ed. São Paulo: Saraiva, 1997.

———. *A irretroatividade das leis e o direito adquirido*. 6. ed. São Paulo: Saraiva, 2000.

FREITAS, Juarez. *A Interpretação Sistemática do Direito*. São Paulo: Malheiros, 1995.

GIGLIO, Wagner D. *Direito Processual do Trabalho*. 5. ed. São Paulo: LTr, 1984.

———. *Direito Processual do Trabalho*. 10. ed. São Paulo: Saraiva, 1997.

GOMES, Orlando. *Contratos*. 11. ed. São Paulo, Rio de Janeiro: Forense, 1986.

GUERRA, Marcelo Lima. *Execução Forçada – controle de admissibilidade – Coleção Estudos de Direito de Processo ENRICO TULIO LIEBMAN – volume 32*. 2. ed. São Paulo: Editora Revista dos Tribunais, 1998.

GUSMÃO, Paulo Dourado de. *Introdução ao Estudo do Direito*. 10. ed. Rio de Janeiro: Forense, 1984.

KELSEN, Hans. Tradução de José Florentino Duarte. *Teoria geral das normas*. Porto Alegre: Fabris, 1986.

———. Tradução de João Baptista Machado. *Teoria pura do direito*. São Paulo: Martins Fontes, 1995.

KUHN, João Lacê. *O princípio do contraditório no Processo de Execução*. Porto Alegre: Livraria do Advogado Editora, 1998.

LACERDA, Galeno de. "Execução de título extrajudicial e segurança do juízo", *Revista AJURIS nº 23*.

LARENZ, Karl. Tradução de José Lamego. *Metodologia da Ciência do Direito*. 5. ed. Lisboa: Fundação Calouste Gulbenkian, 1983.

LIEBMAN, Enrico Tullio. *Embargos do Executado*. 2. ed. São Paulo: Saraiva, 1968.

———. *Tratado das Execuções – Processo de Execução, Volume I*. 2. ed. São Paulo: Saraiva, 1976.

LIMA, Alcides de Mendonça. *Processo de Conhecimento e Processo de Execução.* 2. ed. Rio de Janeiro: Forense, 1992.

———. *Comentários ao Código de Processo Civil, Volume VI, Tomo I.* 3. Ed. Rio de Janeiro: Forense, 1979.

MACEDO, Maury R. de. *A lei e o arbítrio à luz da hermenêutica.* Rio de Janeiro: Forense, 1981.

MACHADO NETO, A. L. *Compêndio de Introdução à Ciência do Direito.* São Paulo: Saraiva, 1969.

———. *Sociologia Jurídica.* 6. ed. São Paulo: Saraiva, 1987.

MACHADO, Edgar de Godoi da Mata. *Elementos de Teoria Geral do Direito.* Belo Horizonte: Editora UFMG, 1995.

MAGALHÃES, Maria da Conceição Ferreira. *A hermenêutica jurídica.* Rio de Janeiro: Forense, 1989.

MALTA, Cristóvão Piragibe Tostes. *Prática do Processo Trabalhista.* 27. ed. São Paulo: LTr, 1996.

———. *Introdução ao Processo do Trabalho.* São Paulo: LTr, 1995.

MANDRIOLI, Crisanto. *Corso di Diritto Processuale Civile III.* 12. ed. Torino: G. Giappichelli Editore, 1998.

MARTINS FILHO, Ives Gandra da Silva. *Manual esquemático de Direito e Processo do Trabalho.* 8. ed. São Paulo: Saraiva, 1999.

MARTINS, Sergio Pinto. *Direito do Trabalho.* 8. ed. São Paulo: Atlas, 1999.

———. *Direito Processual do Trabalho.* 14. ed. São Paulo: Atlas, 2000.

MAXIMILIANO, Carlos. *Hemenêutica e Aplicação do Direito.* 9. ed. Rio de Janeiro: Forense, 1984.

MELLO, Marcos Bernardes de. *Teoria do fato jurídico.* 3. ed. São Paulo: Saraiva, 1988.

MONTESQUIEU, Charles de Secondat, Baron de. Tradução de Cristina Murachco. *O Espírito das Leis.* 2. ed. São Paulo: Martins Fontes, 1996.

MOREIRA, Alberto Camiña. *Defesa sem embargos do executado – Exceção de Pré-Executividade.* São Paulo: Saraiva, 1998.

NASCIMENTO, Amauri Mascaro. *Curso de Direito Processual do Trabalho.* 19. ed. São Paulo: Saraiva, 1999.

NEGRÃO, Theotonio e GOUVÊA, José Roberto Ferreira. *Código de Processo Civil e legislação processual em vigor.* 30. ed. São Paulo: Saraiva, 1999.

NERY JUNIOR, Nelson e NERYY, Rosa Maria de Andrade. *Código de Processo Civil comentado.* 2. ed. São Paulo: Revista dos Tribunais, 1996.

NEVES, Celso. *Comentários ao Código de Processo Civil – Volume VII.* 7. ed. Rio de Janeiro: Forense, 1999.

OLIVEIRA, Francisco Antonio de. *A Execução na Justiça do Trabalho.* 3. ed. São Paulo: Editora Revista dos Tribunais, 1995.

——. *Manual de Direito Individual e Coletivo do Trabalho*. 2. ed. São Paulo: Editora Revista dos Tribunais, 2000.

PEIXOTO, Bolívar Viégas. *Iniciação ao Processo Individual do Trabalho*. 3. ed. Rio de Janeiro: Forense, 1998.

PERELMAN, Chaïm. *Ética e Direito*. Tradução de Maria Ermantina Galvão G. Pereira. São Paulo: Martins Fontes, 1996.

PINTO FERREIRA. *Comentários à Constituição Brasileira – 1º Volume – arts. 1º ao 21*. São Paulo: Saraiva, 1989.

PLATÃO. *A República*. 7. ed. Lisboa: Fundação Calouste Gulbenkian, 1996.

PONTES DE MIRANDA, Francisco Cavalcanti. *Comentários ao Código de Processo Civil – Tomo IX*. Rio de Janeiro: Forense, 1976.

——. *Comentários ao Código de Processo Civil – Tomo X*. Rio de Janeiro: Forense, 1976.

——. *Comentários ao Código de Processo Civil – Tomo XI*. Rio de Janeiro: Forense, 1976,

——. *Dez anos de pareceres – Parecer nº 95*. Rio de Janeiro: Francisco Alves S.A., 1975.

——. *Tratado das Ações – Tomo I – Ação, classificação e eficácia*. São Paulo: Editora Revista dos Tribunais, 1970.

RAWLS, John. Tradução de Almiro Pisetta e Lenita M. R. Esteves. *Uma teoria da justiça*. São Paulo: Martins Fontes, 1997.

REALE, Miguel. *Filosofia do Direito*. 14. ed. São Paulo: Saraiva, 1991.

——. *Lições preliminares de direito*. 11. ed. São Paulo: Saraiva, 1984.

RODRIGUEZ, Américo Plá. Tradução de Wagner D. Giglio. *Princípios de Direito do Trabalho*. São Paulo: LTr, 4ª tiragem, 1996.

RODRÍGUEZ, Carlos Eduardo López. *Introdução ao pensamento e à obra jurídica de Karl Larenz*. Porto Alegre: Livraria do Advogado Editora, 1994.

ROPPO, Enzo. *O Contrato*. Coimbra: Almedina, 1988.

ROSA, Marcos Valls Feu. *Exceção de Pré-Executividade – matérias de ordem pública no processo de execução*. Porto Alegre: Fabris , 1996.

RUSSOMANO, Mozart Victor. *Comentários à Consolidação das Leis do Trabalho, Volumes I e II*. 17. ed. Rio de Janeiro: Forense, 1997.

SALDANHA, Nelson. *Ordem e Hermenêutica (Sobre as relações entre as formas de organização e o pensamento interpretativo, principalmente no direito)*. Rio de Janeiro: Renovar, 1992.

SANTOS, Boaventura de Sousa. *O discurso e o poder*. Porto Alegre: Fabris, 1988.

SANTOS, Moacyr Amaral. *Primeiras Linhas de Direito Processual Civil. 3º Volume*. 5.ed. São Paulo: Saraiva, 1981.

SCHAPP, Jan. Tradução de Ernildo Stein. *Problemas fundamentais da metodologia jurídica*. Porto Alegre: Fabris, 1985.

SILVA, José Afonso da. *Aplicabilidade das Normas Constitucionais*. São Paulo: LTr, 1968.

——. *Curso de Direito Constitucional Positivo*. 7. ed. São Paulo: LTr, 1991.

SILVA, José Vilaço da. *Exceção de Pré-Executividade e a Execução Fiscal in Revista de Estudos Tributários nº 11 (jan-fev/2000)*. Porto Alegre: Síntese, 2000.

SILVA, Ovídio A. Baptista da. *Jurisdição e Execução na tradição romano-canônica*. São Paulo: Editora Revista dos Tribunais, 1996.

——. *Curso de Processo Civil – Volume II*. 2. ed. Porto Alegre: Fabris, 1991.

——. "Execução 'em face do executado'", *in Revista AJURIS nº 60*.

SIQUEIRA FILHO, Luiz Peixoto de. *Exceção de Pré-Executividade*. 2. ed. Rio de Janeiro: Editora Lumen Juris, 1998.

SPOTA, Alberto G. *El juez, el abogado y la formación del derecho a través de la jurisprudencia*. Buenos Aires: Ediciones Depalma, 1976.

SÜSSEKIND, Arnaldo. *Direito Constitucional do Trabalho*. Rio de Janeiro: Renovar, 1999.

TARZIA, Giuseppe. *O contraditório no processo executivo, in Revista de Processo nº 28*. 1982.

TEIXEIRA FILHO, Manoel Antonio. *Execução no Processo do Trabalho*. 6. ed. São Paulo: LTr, 1998.

TESHEINER, José Maria Rosa. *Antecipação de Tutela e Litisregulação (estudo em homenagem a Athos Gusmão Carneiro)*. Artigo não-publicado.

——. *Pressupostos Processuais e Nulidades no Processo Civil*. São Paulo: Saraiva, 2000.

THEODORO JUNIOR, Humberto. *Processo de Execução*. 14. ed. São Paulo: Editora Universitária de Direito, 1990.

——. *As inovações no Código de Processo Civil*. 6. ed. Rio de Janeiro: Forense, 1996.